高須克弥

全身美容外科医

道なき先にカネはある

講談社+α《プラスアルファ》新書

はじめに

日本一の美容外科医

僕に対してどんな印象を持っていますか？

スポンサー活動や慈善活動、ＳＮＳでの発言、漫画家の西原理恵子との交際……「医者を引退した、目立ちたがり屋の変なおじさん」というイメージを持つ方もいるかもしれません。

しかし、僕はいまでも現役の美容外科医です。現在七四歳。内科医や眼科医、耳鼻科医はともかく、外科医ともなると、「そろそろ引退するか」と考える年齢ですが、診察はもちろん、オペも行っています。「体力的にもう限界だ」と感じたら引退するべきですが、まだまだその気持ちはありません。

まわりを見渡しても、美容外科医として、僕を超える医者は、高須クリニックはおろか、他の美容外科クリニックを見回しても見当たらないようです。ライバルはいません。今や僕がダントツで日本一の美容外科医だと自負しております。

これには根拠があります。

メスで切らない二重まぶた手術を考案し、それを「クイック式二重術」と命名して美容整形ブームをつくった医者は誰でしょうか？

日本で初めて脂肪吸引手術を行い、人間の脂肪細胞から若返りのためのコラーゲンを抽出する装置を開発した医者は誰でしょうか？

世界で初めて自分の顔にヒアルロン酸とボトックスの注射をして、それを「プチ整形」と命名した医者は誰でしょうか？

世の男性に対して「包茎は治すべきもの」と啓蒙し、包茎手術ブームを巻き起こした医者は誰でしょうか？

日本で最初にチェーン展開をし、美容整形を誰でも気軽に行えるようにした医者は誰でしょうか？

これらの答えはすべて僕です。メスを使わないプチ整形など時代の先端をいく技術を考案し、新しい手法をいち早く取り入れることで美容医療の普及に努めてきた僕は「日本の美容外科のパイオニア」「日本美容外科界の第一人者」と呼ばれています。

日本が美容整形大国になるまで

いまや日本は美容整形大国のひとつだということをご存じでしょうか。美容外科の国際学会であるＩＳＡＰＳ（国際美容外科学会）が、全世界を対象にした美容外科に関する二〇一七年の調査結果を発表しました。この統計によると、美容上の外科的、非外科的処置が多くなされた国の第三位が日本なのです。

実際、美容整形は身近なものになり、若い女性の間ではメイクやファッションの延長で誰もが気軽に体験できるものになりつつあります。また、高齢社会のいま、より充実した老後を送りたいと願うリッチな中高年や高齢者は男女問わず若返りに熱心です。

こうした状況は、美容外科の黎明期、美容外科が不遇だった時代を知る僕にとっては感慨深いものです。いまに至るまでには世間の偏見などがあり、患者も医者も長らく日陰者でした。極端なことを言えば、美容外科医としての歩みは、そうした偏見との戦いだったように思います。

僕が開業した当初は、美容外科手術を受けることへのマイナスイメージが強く、夜の街で働く女性やタレントの卵など、一部の人が手術を受けていましたが、彼女たちはまるで犯罪でも犯してしまったかのように、必死に整形の事実を隠していました。

　一方の医者にしても、僕以前の美容外科クリニックはどこも人目を忍んで行くラブホテルがあるような場所で営業しており、こっそり治療しているのが実情でした。その理由は、美容外科がまだ非合法的医療だったためです。一九七六年、僕が名古屋に高須クリニックを開業したとき、美容外科は医療として正式に認められていませんでした。

　目を二重にする、鼻を高くするという治療自体は「美容整形」と呼ばれ、はるか昔から市中の開業医の手によって行われていました。ですが、当時はまだ「病気の人を治すのが医療である」という考えが根強く、健康な人にメスを入れる美容外科手術はタブーとされ、「美容整形をする医者は人の道に外れている」と言われたものです。

　実際、美容外科手術を行っていた医者は本来の診療科をドロップアウトした落ちこぼれが多く、それこそ闇医者のふきだまりのようでした。世間からは、特殊な医者が特殊な患者を相手にするいかがわしい医療だと思われていました。

　僕自身、他分野の医者仲間から「美容外科をやるなんて人間のクズ」「人の顔をいじくり回す人間は医者のカス」と中傷されたことは一度や二度ではありません。それどころか、「美容外科の道に進みたい」と打ち明けた際、身内からは「医者ではないことをするんだ。

もし問題を起こしたら縁を切る」と宣言されたほどでした。

美容外科とは幸福医療である

しかし、僕には美容外科の明るい未来が見えていました。昔の医療は、あくまでも病気を治すための治療医療でした。現代医学は、さらに一歩進んで、病気にかからないようにするための予防医療へと発展してきました。治療と予防がうまくいけば、寿命が延びるのは必然です。長寿社会が実現される中、重要になるのは、第一の医療、第二の医療に続く第三の医療……つまり、年をとっても幸せに過ごすことができるように「若さと美しさ」を追求する幸福医療だと考えました。この第三の医療は海外ではサーチ・オブ・ハピネスと呼ばれていますが、この柱となっているのが美容医療です。

未知の領域であった美容外科に進むことを決めた背景には野心もありました。もともと僕は整形外科医としてスタートしましたが、その世界には実績のある重鎮が数多くいて、整形外科医である限り、常に誰かの後ろを歩き続けなければならない。

一方、未開の医療である美容外科にはライバルがいませんでした。つまり、自分の努力次第で業界を成長させ、その世界の先駆者になれる可能性がありました。そこで、あえて「落ちこぼれのふきだまり」に飛び込む決断をしたわけです。

僕がまずやるべきことは美容外科に対する世間のイメージを変えることでした。そのためには「腕」と「評判」を上げるしか方法はありません。

自らの若返りで証明

「腕」を上げるために、最新の技術を求めて世界中を飛び回り、世界の名医と交流を続けながら「これはすごい」という技術を日本にどんどん取り入れてきました。

新しい技術は、自分で体験するのがポリシーです。たとえばヒアルロン酸注入は、スウェーデンの製薬会社「Q－Med」の創業者である友人が、ヒアルロン酸の商業展開を考えていたものです。彼から「コラーゲンに代わるシワ伸ばし用の充填剤として普及させたい」と相談されたときに、「ボリュームが増えるなら日本人の低い鼻に打ったらいいのではないか」と考えて自分の鼻に打ってみたところ、当時主流だったシリコンプロテーゼよりも安全性が高いことがわかったので、さっそく導入しました。これがプチ整形の始まりです。

開業以来、自分の身体を実験台にした施術は、三〇〇種類をゆうに超えています。そうして、メスで切らない二重まぶた術や、日本人向けの脂肪吸引手術が生まれました。

現実問題として、美容外科にはトラブルがつきものです。たとえば、「想像していたような顔にならなかった」「二重になったけど、イメージと違う」という不満を持たれる患者も少なからずいます。そこで、高須クリニックではまだＷｉｎｄｏｗｓが発売される前からシミュレーションソフトを開発し、完成予想図を見せていました。

しかし、一番説得力があるのは医者自らが治療の効果を証明することです。僕が新しく導入する美容整形や若返り手術をいち早く体験し、「こんな感じになりますが、やってみますか」と見本になって判断してもらうのが一番わかりやすい。

「評判」を上げるために

「評判」というものは、「腕」以上に医者と患者を結びつけます。「あそこの先生はとても腕がいい」「あのクリニックは治療が丁寧だ」という評判が立つと、患者は一気に集まります。実際、ある有名なタレントの美容外科手術をしたところ、その方が「高須クリニックは腕がいいし、口もかたい」と仲間に薦めてくれたおかげで、多くのタレントが来るようになりました。医者にとって評判はかけがえのない財産であり資本といえます。

そこで、最新の医療技術を開発すると同時に、自らメディアに積極的に露出して、自分の顔を売り、そして美容外科のプラス面をアピールすることにしました。露出するのは、自分が目立ちたいからではありません。美容外科は日陰の存在だったため、認知度を高めるために攻めの姿勢に出るしかなかったのです。

ときには美容外科は是か非かを論じるテレビ番組にも出演し、反対派の人物と激論を交わしたこともありました。いまでこそテレビ出演する医者は数多くいますが、当時は珍しく、世間一般が抱く医者のイメージからほど遠いキャラクターで注目を集めました。高須といえば、「YES! 高須クリニック」のキャッチフレーズで知られるテレビCMの印象が強いことでしょう。実は日本で初めてCMに出演した医者も僕なんです。

今は日本美容外科界の危機

こうして地道に「腕」と「評判」を上げていった結果、開業から四三年が経ち、「隠れてこそこそ受ける、後ろめたい医療」だった美容整形は、「エステ感覚で気軽に受けられる、人を幸せにする明るい医療」というイメージに変わりました。かつて「医者のクズ」と扱われた美容外科の人気もうなぎのぼりで、新規クリニックの開業が相次いでいます。

しかし一方、新たな問題も生まれています。美容外科治療というのは、医師免許さえあれば誰でも行うことができるため、異業種からの参入者も増えました。

たとえば、大学病院も新規参入組のひとつです。その昔、大学病院の医者は「美容外科なんてものは医者がやることではない」と我々を見下していましたが、財政状況が厳しくなった結果、続々と美容外科に参入してきました。

こうした状況は熾烈な顧客争いを呼び、患者を無視した治療を行う悪質なクリニックも生んでいます。現在、美容外科クリニックはこぞってインターネット広告に熱心ですが、インターネットに掲載された甘い情報を見て足を運んだところ、強引な勧誘に遭い、さらに治療トラブルに巻き込まれてしまったというケースは少なくありません。

それどころか、生死に関わる事故も起きています。かつて「美容外科は命に関わらない治療」といわれていましたが、玉石混交のいま、それは過去のことになりつつあります。こうした問題を解決するにはダメな医者を淘汰するしかありませんが、日本の美容外科界は特殊な歴史を持つため、その仕組みがないという現実があります。

お隣の韓国もまた美容整形大国として知られています。最盛期にはソウル市内の整形通りと呼ばれる地区に美容外科クリニックが軒を連ねていましたが、近年閉鎖に追い込まれるクリニックが少なくありません。理由は需要増によって急拡大した結果、未熟な医者が生まれ、医療事故が続出したことにあります。

これは対岸の火事ではありません。長寿社会となった日本では、今後ますます美容整形が求められるでしょう。しかし、患者を置き去りにして、自分たちの利害を優先すれば、やがて客離れが起きて業界が崩壊するのは必然です。実はいま、日本の美容外科界はそうした危機を迎えているのではないか。僕はマイナスイメージの強い美容外科の世界を変革することに尽力してきただけに、危機感を抱いています。

だからこそいま、日本の美容外科の苦難の歴史を語るべきだと思いました。かつて業界の覇権を競い合ったライバル、美容外科を世間に広めようと誓い合った盟友もいなくなりました。いわば、僕は日本の美容外科界の生き字引。黎明期からいまを知る唯一の語り部です。僕の人生を語ることは、日本の美容外科の歴史を語ることなんです。

ビジネスが成功した理由

同時に、僕自身がどういった人生哲学のもとで、ビジネスを展開してきたのかも語ります。「成功する秘訣はなんですか?」と聞かれることがよくありますが、答えは簡単です。僕の人生のモットーは「逆張り」です。みんながやろうとしないことに宝の山があります。

アメリカのゴールドラッシュのとき、誰もが砂金を採取している中、砂金そのものには目もくれず、砂金採取に夢中になっている人たちに砂金採取のグッズを売りまくって成功した例がありました。

そもそも、日陰の存在だった美容外科に進むこと自体が「逆張り」でした。僕は何らかの選択を迫られた際、常に世間とは真逆の目に賭けてきました。この世の中には勝ち組と負け組が存在しますが、勝ち組というのは常に少数派なんです。当然、勝ち組になるには少数派にいるべきです。反対に言えば、人と同じことをやっていたら成功は手に入りません。

当然ながらリスクもありますが、人が行こうとしないほうへ進めば、成功したときの報酬も大きいものです。しかも、「逆張り」がうまくいったら、これほど面白いことはありません。「自分を楽しんでいますか？」という高須クリニックのキャッチコピーは、僕の生き方を表した言葉です。

もちろん、人生が常に順風満帆だったわけではありません。脱税トラブルに巻き込まれ、一年間の医業停止処分を受けたこともありましたし、弟子たちがライバルクリニックを開業し、高須クリニックの存亡危機を迎えたこともありました。バブル崩壊の影響で一〇〇億円の借金を抱えたこともあります。ただ、人生は楽しいものですから、持ち前のポジティブ精神で「ピンチはチャンス」と思い、危機を乗り越えてきました。

本書では、僕の波瀾万丈な人生、そして考え方をすべて明かしました。荒波を乗り越えてきた僕の言葉には生き方やビジネスへのヒントが隠されているでしょう。僕にとって最大の幸せは、人に喜んでもらうこと。そのために生きていると言っても過言ではなく、僕の経験が少しでも皆さんの人生に役立つとしたなら、これ以上うれしいことはありません。

全身美容外科医　道なき先にカネはある　目次

はじめに

第一章 人が歩いた道に成功はない――七〇年代以前

第四章　昨日の美人は今日のブス——九〇年代①

第五章　「強欲医師」の汚名と大借金――九〇年代②

第六章　歴史的分岐点としての「プチ整形」——二〇〇〇年代

第七章 急増する高齢者の整形——二〇一〇年代

第一章　人が歩いた道に成功はない――七〇年代以前

医者の家系に生まれて

僕の人生は、始まりから劇的でした。

太平洋戦争末期の一九四五年一月、僕が生まれる直前に起きた三河地震の影響で家屋が崩壊してしまったため、空襲を逃れるために自宅の庭に掘った防空壕の中で産声を上げました。一月の凍てつく寒さの中、生まれたばかりの僕は凍死しかけていたそうです。しかし、高須家にとってはなんと一〇〇年ぶりに生まれた男児。そのため、祖母が手を尽くして何とか一命を取り留めました。

高須家は愛知県東部の三河地方にある一色町（現在は西尾市）という田舎町の旧家で、徳川家康から庄屋の地位と高須という名字を与えられ、江戸時代から医業を営んできました。多忙な両親に代わり、身の回りの世話や教育係を務めた祖母は小児科医。隣町の貧乏開業医の五男で、高須家の婿養子になった父は内科医。一人娘だった母は産婦人科医でした。また両親の親族も医者ばかりでした。

いまでも漫画好きで漫画誌を何冊も購読していますが、子供のころは本気で漫画家を目指していました。憧れは手塚治虫。「いつか手塚治虫を追い越してやる」と小学生のときから漫画を描き続けました。

しかし、現実には医者になる以外の道はありませんでした。高須家は代々続く医者の家系であり、戦後の農地改革までは大地主。現実には、敗戦により土地の多くを国に取り上げられてしまい、さほど裕福ではありませんでしたが、「うちは代々医者を営んできた名家だ」という誇りを持っていました。

しかも、一家の大黒柱となるべき父が早世するという不幸もありました。日本は戦後、農地解放が行われて地主階級が消滅しました。少しだけ残った土地も農耕を行っていないと取り上げられてしまうので、父は医者をしながら農作業もしていました。しかし、慣れない作業は想像以上に心身の負担になったのでしょう、僕が中学一年のときに過労でこの世を去ってしまったのです。ですから、跡取りとして家業を継ぐ以外に選択の余地はなかったというのが現実でした。

とりわけ誇り高い人だった祖母は、僕が漫画を描き続けていることを知り、激怒しました。僕が描きためた作品と隠し持っていた漫画本を、「ポンチ絵（漫画）は思考を停止させる。そんなものを読んでいるとバカになる。どうしても漫画を描きたいならバカではない証拠に医師免許を取ってからにしろ」と言ってすべて燃やしてしまったのです。

こうして漫画家になるという夢は儚《はかな》くも破れ、医師免許を取ることが当面の目標となりました。もともと医者になるために仕方なく始めた勉強でしたが、中学までは体育以外の成績はすべて一番優秀な5評価。常に学年トップでした。高校受験は名古屋の名門私立である東海高校を選び、大学進学率を上げるための部隊である外来組として入学しました。

「学力的には、東大進学も可能だ」と、当時の先生には言われていました。しかし、高校二年の時点で、私立の医学部に入れるだけの学力があることがわかり、勉強することをやめました。

医者になることが半ば決められていた僕にとって、高校は医学部に進学するためのステップに過ぎませんでした。ですから、残りの高校時代は割り切って学生生活を満喫しました。羽を伸ばしすぎて、退学寸前になったこともあります。人生には努力しなければいけないときもありますが、楽しむときは楽しむことも重要だと思います。

家族全員が違う診療科へ

進学したのは昭和医科大学(現在は昭和大学医学部)。学生の多くは開業医の子弟の落ちこぼれ、のほほんとしたボンボンでした。偏差値を基準とした大学ランク的には、三流大学という表現がピッタリの医学部です。しかし、不遜な言い方になりますが、大学はどこでもよかったというのが本音です。もとより僕には医学生のトップを目指したいという思いがありませんでした。祖母や母のように、地元に密着した開業医になりたいと思っていたので、医者になれるのであれば一流大学でなくてもよかったのです。

たとえば官僚としてのスタートラインに立つなら絶対に東大法学部に行くべきです。何年浪人しても進学する価値があると思います。しかし、医者という職業は職人であり、肉体労働者です。すべては自分の腕次第の世界であり、医師免許は自動車の免許証と同じようなもの。極端な話、浪人を重ねて東大医学部を出ても三流の医学部を出ても同じです。医者にとって大事なことは医師免許を取ってから何をすべきか。であれば、僕は最短距離を選ぶほうが賢いと考えました。

医者ばかりである高須家の人間は、全員が違う診療科に進むことになっていました。実際、祖父、祖母、父、母、僕、妻……全員が違う診療科に進んでいます。理由は家族間で争いが起きるのを避けるためです。

同じ診療科をやっていると、たいてい家族間で争いが勃発します。技術というものは常に進化していきますが、年寄りは経験を持っているがゆえに、頑固に自分のやり方を守ろうとします。一方、最新の情報を学んでいる若い人は、過去の技術が間違いであったことに気づいています。

とりわけ医療の世界では、昨日の常識が今日の非常識です。その昔、怪我をしたときは毎日消毒をして包帯も交換するのが常識とされていました。ところが、いまでは消毒が傷の治りを遅くするので、水で洗い流すだけのほうが何倍も治りが早いことがわかっています。以前は、注射針の使いまわしは常識でしたし、素手で外科手術をする医者もいました。やってはいけないことを当たり前のようにやっていたのが昔の医者なんです。

当然、若い人は「親父、それは間違いだ」と批判しますが、年寄りは「わしがこれまでやってきたことをバカにするのか」と怒り出す。それに対して、若い人は「時代遅れだから引退したほうがいい」と突き放す。結局、その先にはお家騒動勃発という不幸が待っています。父娘の確執から分裂した大塚家具と同じ構造です。

僕の周囲を見ても、親子で開業医をしている友人で、経営がうまくいっているのは稀有《けう》なケースです。同じ医者でも独立心の強い開業医というものは、一国一城の主になりたがるものです。当然、ひとつのお城に二人の殿様がいたら、武田信玄のように父親を追い出す事態が起きてしまいます。

僕には息子が三人いて、長男の力弥は皮膚科医、次男の久弥は歯科医、三男の幹弥は形成・美容外科医をやっています。歴史を参考にすれば、まさにお家騒動の危機。それを回避すべく、我々親子はお互いに離れて仕事をしています。

生まれながらの名医はいない

高須家の「暗黙の掟」もあり、大学では整形外科を専攻しました。当初は骨折や先天性股関節脱臼など、ダイナミックな手術の技術を身につけようと思っていましたが、大学で師事した鬼塚卓彌先生は、口唇口蓋裂治療の名人として有名な方でした。鬼塚先生は、一九七四年に開設された昭和大学形成外科の初代教授に就任しますが、それ以前は整形外科の形成外科班の班長を務められており、僕に形成手術の手解きをしてくださいました。

古今東西、生まれながらの名医は存在しません。どんな名医であっても、必ず腕を磨いた修業時代があります。僕にとっては鬼塚先生の下で形成外科の修業をした時代がそれでした。大学病院の形成外科は切ったり縫ったりする基礎技術を徹底的に教えます。口唇口蓋裂は形成外科で取り扱う先天性疾患のひとつで、口唇口蓋の奇形を治療しますが、糸を切ったり、血を拭いたりする毎日でした。当初は「地味で細かいところに入ってしまったなぁ」と思いましたが、こうした日々が美容外科医としての基礎を培ったのでした。

整形外科、形成外科、美容外科

ところで、「整形外科」と「形成外科」と「美容外科」の違いがわかりますか。この三つは名前が似ているだけに、一般の方々にはすべて同じように思えてしまうのでしょう。二重まぶたの手術を受けたいと思った女性が、大学病院の「整形外科」を訪れたものの、診察を断られてしまう。そこで「形成外科」に行ってみたが、そこでも断られて、ようやく「美容外科」のクリニックにやってきた。こんなケースが実際にいくつもありました。しかし、この三つは根本的に異なる診療科目です。

整形外科は、簡単にいえば骨と筋肉を扱う外科であり、骨折、脱臼、打ち身、ねんざ、腰痛、五十肩、椎間板ヘルニアなどの治療をします。交通事故やスポーツで骨折した人が運ばれるのも整形外科であり、折れた骨をプレートでとめたり、中に金属を打ち込んで骨をつないだりして、患者を社会復帰させます。

次に形成外科ですが、こちらは傷跡や変形を元の状態に近づけるように治すところです。たとえば交通事故などで深い傷を負った場合、修復してきれいにします。格闘技ブームのころ、僕がK－1のリングドクターとしてファイターのメンテナンスをしていたのを覚えている方もいるのではないでしょうか。見習い時代に形成外科のトレーニングを徹底的に積んだ僕は、破壊された顔を治す名人なんです。さらに、こうした後天的疾患のほか、口唇口蓋裂など先天的な疾患の治療も行います。

そして美容外科は、健康な人の「できるだけ美しくなりたい」「もっと若くなりたい」という欲求にこたえるものです。つまり、健康にまったく問題のない女性を美人にする、普通のお年寄りをそれなりの若さのお年寄りにするという科なんです。

「美容形成外科」という看板を掲げているクリニックを見かけたことがありませんか？　これは造語で、美容外科医の中には形成外科から流れてくる人たちが多いために使われるようになったのですが、本来、形成外科と美容外科の患者は正反対なんです。言ってみれば、体に障害がある人たちが行く形成外科はリハビリテーションセンター、どこも悪くない健康体の人が行く美容外科は高級スポーツジムと考えられます。そのため、美容外科は贅沢医療ともいわれています。

なお、「美容整形」あるいは「整形」という言葉は、一般的によく使われていますが、正式名称ではありません。医学的には「美容外科」といいます。

ちなみに、高須クリニックには、整形外科や形成外科が扱うべきである「交通事故の傷跡を治したい」「火傷の跡を治したい」という患者も来ます。僕は美容外科の認定医ですが、整形外科、形成外科の認定医でもあるので、こうした治療も行っています。

露骨な差別

医者は世間では立派な職業とされているかもしれません。しかし、医療の世界には明確なヒエラルキーがあり、露骨な差別が存在することをご存じでしょうか?

ヒポクラテスの時代から近世まで、医者といえば内科医だけでした。こうした歴史と伝統を持つ内科こそが、医者の世界では最も権威ある科とされています。

テレビのドラマの主役になることも多い外科は、いまでこそ花形とされていますが、長年、本道から外れたアウトサイダーでした。刃物を使って体を切り刻むのは、汚らわしい仕事と見られていたのです。本道の内科医の対極として、外道のやることだから外科と呼ばれたのでした。

しかし、時代が流れ、医者、そして患者の意識も変わりました。その結果、アウトサイダーだった外科は本道化していき、脳外科や心臓外科といった体の中心を扱う外科の医者は、皮膚科や眼科、耳鼻科、泌尿器科、肛門科といった体の隅のほうを診る外科の医者を見下すようになりました。

悲しい現実ですが、人間のアイデンティティーというものは、他人を差別することで成り立っているのではないでしょうか。僕の専攻は整形外科でしたが、折れた骨をノミや金槌、のこぎり、釘などを使って固定するために、一般外科の医者たちからは「大工さん」と見下したように呼ばれていました。

手術室でも身分があります。交通事故で重傷を負った患者さんが運び込まれてきたとします。それなりの規模の病院であれば、大勢の医者が駆けつけ、治療に全力を尽くしますが、それぞれの医者が無秩序に患者さんに群がり、好き勝手に治療するわけではありません。

昭和大学病院で研修医として修業をしていた時代にはこんなことがありました。当時の形成外科の最先端技術のひとつに、マイクロサージャリーという手術用顕微鏡を用いて微細な手術を行う技術がありました。交通事故では指が切断されてしまうこともあります。そこで顕微鏡を見ながら血管をつないで指をくっつけていくわけですが、血管が詰まらないように、ヘパリンという血液が固まらない薬剤を点滴で流しながら施術しました。

指を切断するような大事故の場合、大腿骨が折れていたり、内臓が損傷しているケースもあります。僕が患者にヘパリンを使っていると、もう少しで指がつながるにもかかわらず、「上級」の医者に「おい、ヘパリンやめろ」と言われて、「いや、もうちょっと待ってください」という抵抗もむなしく、「バカ野郎。お前出ていけ」と追い出されてしまうということがよくありました。

手術室では生命維持に差し支えのある損傷が第一の治療の対象です。つまり、命に関係する治療をする外科ほど偉い。一番身分が高いのは胸部外科、脳外科、腹部外科。そして、大工さんである整形外科という順番です。さらに、整形外科の後に出てくるのが傷跡をきれいに縫いましょうという形成外科。見てくれを良くするのは最後なんです。

ちなみに、美容外科の出番はありません。美容外科の出番があるとしたら体がすべて健康になってからです。そもそも、美容外科は病気や怪我を治す治療ではありません。僕が医者になりたての頃は「病気を治し、予防するのが医療である――」と考えられていた時代であり、美容外科はまだ医療行為とさえ認められていませんでした。

博士論文のテーマは「誰もやらないこと」

美容外科が医療ヒエラルキーの最底辺にあることは理解していただけたでしょうか。

　ではなぜ、僕はそんな最底辺に進もうとしたのか。実は、いまでこそ「美容外科界のパイオニア」とか「美容整形の第一人者」と呼ばれていますが、最初からそれを目指していたわけではありません。そもそも医者になったのも、祖母に「バカではない証拠に医師免許だけは取れ！」と言われて意地になったことがきっかけです。振り返ると、僕の人生はすべてたまたま流れでそうなっただけなんです。

　医学部を卒業し、医師免許を取得したのは一九六九年。当時は大学紛争の時代でしたが、左翼嫌いの僕は、学生運動にのめり込んで留年する過激派学生を尻目に悠々と大学院博士課程に進みました。

　極端な話、博士論文を書く権利を手に入れるのが大学院です。僕は優秀だったのか、それとも要領がよかったのか、大学院の一年目で医学博士の論文を書き終えてしまい、やることがなくなってしまいました。

　その論文「四肢切断者の幻肢に関する研究」は権威ある医学雑誌に掲載されました。たとえば交通事故や地雷で脚を切断した患者が、「脚が痛い」と訴えるケースがあります。このように、何らかの理由で切断した脚がまだあるように感じることを幻肢といいます。

　脚があるのであれば、整形外科で治療を行い、切断した場合は義足をつけることもできます。しかし、存在しない脚を「痛い」といえば、「精神科に行ってください」と突き放されるのがオチです。精神科にしても、「交通事故など外傷が原因であれば、うちが担当できるものではない」と逃げ腰になるしかないでしょう。結局、患者は行き場を失います。

そこで、個人的に催眠術の研究をしていたこともあり、幻肢痛を催眠術で治療することをテーマに論文を書くことにしました。大学院の指導教授に勧められるテーマはどれも面白くありません。しかも、そうしたテーマを扱ったところで、評価する教授は若造の僕よりもはるかに知識を持っていて、それこそ批判してやろうと思って手ぐすね引いて待っているわけです。であれば、誰も知らない奇抜なテーマにしようと考えました。

医学雑誌に掲載された後、教授に論文を見せましたが、「う〜ん、私にはわからない」と困り顔でした。結局、精神科や生理学の先生も加わり、三人がかりで評価していただき、ようやく認めていただきました。

最初に書いた論文がそのまま博士論文として認められるのは異例のことです。勝因はテーマ選びに尽きます。もしありふれたテーマにしていたら、「これはおかしい」とか「これは間違っている」などと文句をつけられて、博士論文として認められなかったかもしれません。反対に、誰も知らないこと、やらないことをテーマにしたからこそ、良い結果を生んだのでした。誰もやらないことをやれば比べる人も比べられる人もいません。これは成功の近道です。

ドイツでの魔法のような手術

早々に博士論文を終了してしまった僕は、残りの三年間やることがなくなってしまいました。西ドイツ（当時）への交換留学生の話があったのはそんな折です。交換留学といいながらも、ドイツからは誰も来ません。彼らは「日本なんかに先端技術があるもんか」と考えていたのです。一方、ドイツの医学は戦争に負けた結果、主流の座をアメリカに奪われましたが、ヒトラーが生まれる前から最先端であり、学ぶべきものが多くありました。そこで、卒業と同時に地元へ戻って開業し、最先端の医療で売り出そうと思っていた僕はこの話に飛びつきました。

一九七〇年、二五歳のときに交換留学生として西ドイツへ渡りました。留学先はキール大学医学部整形外科で、主に人工関節について学びました。ドイツの医学は、日本と対極にありました。当時の日本の整形外科は、手術ではなく骨がくっつくまでギプスで固定して、その後は矯正マッサージをして社会復帰させるというやり方が主流でした。ただし、これだと時間がかかります。それこそ三ヵ月もギプスを巻いていると、膝でも腕でもみんな固まってしまい動かなくなり、筋肉も落ちてしまいます。その後、矯正マッサージやリハビリをやるとなれば、半年は使い物になりません。

一方、ドイツでは、骨が折れたらすぐプレートや釘で固定するという方法でした。骨はパイプのような構造ですが、パイプの中のやわらかい部分をすべて削って硬い骨ばかりにして、骨の中に太い髄内釘《ずいないてい》というものを打ち込んで骨をつなぎます。たとえば大腿骨が折れたら髄内釘を入れて、翌日から歩行の訓練をさせます。関節が壊れていても、全部それを取り外して、人工関節に取り替えてしまう。そうすると長期入院もマッサージもいりませんし、早ければ数日で社会復帰できます。開業医を目指していた僕は、この画期的な治療法を日本に持ち込めば日本中の患者が集まると思ったものです。

最先端の医療を学ぶ日々は充実したものでしたが、あるとき、僕の運命を変える手術に遭遇しました。

ユダヤ人であるローレダー教授のコンプレックスは大きな鼻。そこで、弟子たちに指導して典型的なユダヤ鼻といわれるカギ鼻をゲルマン風の鼻にする手術を試行したのです。僕は「ずいぶん面白そうな手術だな」と軽い好奇心で見ていたのですが、そこでは想像を絶する施術が実践されており、かつてない衝撃を受けました。自分が認識していた医療の枠を大きく超えるその光景は、それまでの価値観を根本から揺さぶるものでした。

大きな鼻を小さくする手術を見学して以来、可能な限り、美容外科の手術を見学しました。えらを削る、あごを短くする、歯のかみ合わせを整える、といった手術にも立ち会いましたが、ドイツで見たものはすべて日本では行われていない手術であり、まるで魔法のように思えたものです。

道がないところに成功がある

美容外科の最先端をいっていたドイツとは対照的に、当時の日本は、「病気でもないのに身体を傷つけるなんて犯罪だ」と思われていた時代でした。まさに美容外科への反感と偏見だらけの時代です。当然、まともな医者は誰もやろうとしていませんでした。

しかし見方を変えれば、この未開の分野であれば先駆者になれるかもしれないと思いました。幻肢痛を研究した博士論文にしてもそうですが、もとより僕は他の人がやろうとしない、新しいことをやるのが好きでしたし、学生生活を通じてそれが成功の秘訣だと気づいたのです。

僕は雀荘に入り浸りという典型的なダメ学生でしたが、勉強以外のことには情熱を注ぎました。そのひとつが空手です。医学部生は手を痛めるとしてやろうとしません。そんな常識を打ち破ってやろうと思って稽古を重ねた結果、昭和大の空手部は関東の医学部ではトップになりました。しかし、物事には現実があり、いくら努力しても名門で知られる国士舘大や拓殖大には歯が立ちませんでした。

未経験者でも勝てて、部として成功をおさめることができるのはなんだろう。こう考え抜いた結果、たどり着いた答えがアイスホッケーでした。競技人口は少なく、当時、関東の医学部リーグに属するアイスホッケー部は慶應義塾大学、東京慈恵会医科大学、東京医科大学という三つだけ。つまり、このリーグに入れば、ひとつ勝つだけで関東のベスト3になれるわけです。

思いついたら即行動です。大学の理事長に直談判したところ、学生を集めるために名前を売りたいという事情もあり、快諾していただきました。結果は正解でした。僕の時代に一番になることはできませんでしたが、僕が創部したアイスホッケー部は、のちに東日本リーグで優勝するほどの強豪になりました。

博士論文にしても、アイスホッケー部にしても、成功の要因は同じです。誰もやっていないことをやったから成功できたのです。人が歩いた道に成功はありません。成功というのはまだ道がないところにしか転がっていないのです。こうした経験は、美容外科医として歩むうえで大きなヒントとなりました。

時代を読む目

ドイツでの経験を経て、美容外科という日本では未知の領域に賭けてみたいという野心を抱きましたが、すぐに整形外科から美容外科に移ったわけではありません。というのも、美容外科はあまりにも新しすぎました。僕が開業するつもりだった地元の一色町は田舎町です。地図上では名古屋と豊橋の中間に位置していますが、わざわざ名古屋や豊橋の人が一色町まで通うとは思えず、地元には需要がないことが明らかでした。

開業医というものは目の前の患者が求める医療をしなければ成り立ちません。ドイツで目にしたものは衝撃でしたが、美容外科は実家を継ぐことが決まっていた僕がやるべき医療ではないと思いました。当時の高須家は女手である祖母と母が必死に切り盛りしていましたし、まずやるべきことは実家を安定させることでした。そこで、当初の予定通り、一九七四年に実家の高須医院を拡大する形で医療法人福祉会高須病院を設立。整形外科と形成外科の診療を開始しました。

高須病院はまだ日本では普及していなかった人工股関節の技術を取り入れた最先端の医療設備を整備し、なるべく早く治して社会復帰させることに全精力を注ぎました。ときはモータリゼーションの始まり。日本全国で交通事故が多発していました。とりわけ僕の地元である三河は、交通事故が日本一多い地域でした。

僕が整形外科を選んだ理由は、高須家に整形外科医がいなかったことが最大の理由だと先に述べました。とはいえ、将来的に整形外科がビッグビジネスになると考えたうえで進んだ道でもありました。小児科医の祖母から高須病院を引き継いだ母親は産婦人科医でした。母の時代は、子供が多く生まれる時代だったのです。そして、僕の時代はモータリゼーションの始まりで、交通事故が増えることが予想されました。子供が多く生まれる時代、交通事故が多い時代、高須病院はその時々で変わってきたわけですが、そうした時代を読む目はどんな仕事をするうえでも重要です。高須病院はいまでも地元にありますが、近年は老人医療が中心です。

これはウラ話ですが、救急車がどの病院へ向かうのかは救急隊員が判断しますけれども、新興にもかかわらず高須病院へ運ばれてくることがほとんどでした。もちろん理由がありました。僕は救急隊員に「ごくろうさま」とタバコをあげていたのです。お金をあげたらリベートになりますが、タバコであれば問題ありません。しかも、当時はまだタバコが希少価値のあるものでした。その結果、三河の救急隊員はタバコ欲しさにこぞって高須病院に来たのでした。

どんなビジネスであれ、ただ待っているだけでは商売はできません。大事なのは攻めの姿勢であり、ちょっとした工夫で道を切り開くことはできます。

人間のエネルギーの根本は欲

医者は職人であると述べましたが、僕は自分の腕に絶対の自信を持っていました。高須病院に運び込まれてくる患者の多くが交通事故で怪我をした方でしたが、あっという間に治して早く社会復帰させてあげました。事故の衝撃でフロントガラスに突っ込んでしまい、割れたガラスでグチャグチャになった顔であっても、形成外科で修業をしていたので、傷跡が残らないように細かくきれいに縫うことができました。

術後、保険会社の方が「あれ、きれいですね。顔は傷がつかなかったんですね」と言うので、「いや、三〇〇針くらい縫ってきれいにしました」と説明すると、彼らは驚いていたものです。

どんな患者が来ても、傷跡をきれいに治して、短期間で退院させてしまう。どれほど評判になるのだろうかと思ったのですが、肝心の患者さんからはあまり感謝されませんでした。むしろ、「治療に時間がかかったほうが、保険がたくさんおりてうれしい」と不満を漏らす人が少なくありませんでした。患者からすると、すぐ退院してしまうと労災をもらえないし、事故補償保険も安くなってしまうので、入院が長ければ長いほどありがたいというわけです。また、保険会社の人にしても、「これほどきれいだと、後遺障害認定ができません」と言っていました。

医者としての当然の善意で早く退院できるようにとしたことが、逆に迷惑とさえ思われていました。これはショックでした。

僕は人間のすべてのエネルギーの根本は欲だと考えています。僕の欲は人に感謝されたいというもの。人に感謝されてその人の笑顔を見ることが、僕には最大の快感であり、何よりも重要なんです。スポーツ選手のスポンサー活動をしたり、慈善活動をしたりするのもそのためです。だからこそ、患者にあまり喜ばれなかったことがこれ以上ないほどショックだったんです。

ついでながら、グルメや酒、女遊び……といった世俗的な欲には一切興味がありません。グルメについては、せっかちなのでどんな高級料理でも混ぜてしまいます。東京滞在中は寿司屋「久兵衛」に行くことが多いのですが、握り寿司にお茶をかけ、グチャグチャにかき混ぜて食べるので周囲の人にあきれられています。また、着るものにはこだわりませんし、ブランド品にも興味がない。名古屋の自宅もごく普通の家です。そもそもお酒が飲めませんし、銀座の高級クラブなどお金のかかるお姉さんも嫌いです。好色家に見られているのか、接待でタレント風の美女をあてがわれることもありますが、実際の僕は実に淡泊なタイプです。

下手な医者が儲かるおかしさ

保険が利く病気やケガの場合、患者からすると、早く治らないほうが金銭的に助かることもある。これは病院にしても同じで、早く完治させるよりも、いつまでも延々と治療していたほうが儲かる仕組みになっていました。

一方、高須病院は入院も短期間で、術後のマッサージもリハビリもない。たしかに患者は数多く来ましたし、回転もよかった。ところが、設備投資にお金をかけていたこともあり、肝心の儲けがありません。病院の事務長からは「院長、普通のやり方でやってくれませんか。一度、ほかの病院を見てきてください」と泣きつかれました。

よその病院を偵察すると、そこには入院患者がゴロゴロいました。半年入院とか、一年入院とかそんなレベルばかりです。しかし、その人たちのどこが悪いかというと、ただのムチ打ち症なんです。骨折で入院している人にしても、マッサージ治療であったり、リハビリであったり。だから、入院しているにもかかわらず、パチンコに出かけているような人もいました。

日本では健康保険の点数が決まっていて、当時は手術して治療するときの値段と、切らないで治療するときの値段があまり変わりませんでした。つまり、手術しないでただ手で引っ張ってギプスを巻くのが一番儲かったんです。事務長はこうも嘆いていました。

「いい手術をやったら、儲かりません。下手な医者のほうが売り上げが上がるんです」

医療の世界では事務長の言うことはもっともなのかもしれませんが、僕は日本の医療制度の矛盾に対し、ものすごく怒りを感じました。腕のいい医者が喜ばれず、収益も少ない。これがおかしいことは明らかであり、こんな制度が医療の進化を妨げていると考えざるをえませんでした。そんなやりどころのない怒りが込み上げているとき、キール大学で目撃した美容外科手術が浮かんできたのでした。

実は、整形外科が専門の高須病院には「美容整形」を求めてくる患者さんも数多くいました。僕は形成外科医として、交通事故でグチャグチャになった顔でも元通りに治してあげることができました。それはマイナスにもなりましたが、一方ではクチコミで評判になり、いつしか「二重まぶたにしてほしい」「鼻を高くしてほしい」と望む人たちが自然発生的に増えてきたのです。

そこで、高須病院とは別に「自由診療」のクリニックをつくろうと思いました。自由診療である美容外科の場合、患者にいい施術をして、短期間で社会復帰させてあげたら必ず喜ばれます。しかも、治療が済むのが早ければ早いほど患者さんに喜ばれる。いわば、医者の腕が厳しく問われるものであり、実力勝負の世界がそこにあると思いました。

「逆張り」をすればいい

美容外科医への転身を決意した理由は、医療システムへの不満だけではありません。市場原理の問題もありました。すでに整形外科医としての一歩を歩み始めていましたが、この分野ではすでに実績を積んだ人たちが数多くいました。正直、層の厚い整形外科で若造の僕がナンバーワンになれるとは思えませんでした。また、形成外科にしてもそれなりに層が厚かった。

一方、当時の美容外科は、ほとんど手のつけられていない未開拓の分野でした。もともと僕は人の後ろをついて歩くのが嫌いな性分ですし、層が薄い美容外科であれば第一人者になれるという野心も後押ししました。自分の努力次第でそこが最先端になる。すべては自分の実力次第。もちろん、先陣を切る風当たりも予想されましたが、それでもこの分野を開拓することに無限の可能性を感じました。

これまで何度も「成功する秘訣は？」「お金持ちになる秘訣は？」と質問されてきましたが、答えは簡単です。常に「逆張り」をすればいいのです。

この世の中には勝ち組と負け組が存在しますが、勝ち組というのは常に少数派です。周囲を見ても、お金持ちになれない人のほうが大多数で、お金持ちになれる人のほうが少数派でしょう。つまり、常に少数派のほうへ「逆張り」をしていれば、お金持ちになる確率が高くなるということです。みんなが株を買っているのであれば、株を売るべきですし、みんなが土地を買っているのであれば、土地を売ればいいわけです。

「人の行く裏に道あり花の山」という言葉があるように、大勢の人の言うことを聞いていてはダメです。そっちに行っても成功は得られません。僕の周りでもお金持ちは「逆張り」をしてきた人ばかりです。

僕はギャンブルをするときも常に「逆張り」をします。ギャンブルで本当に儲けている人というのは、なかなか張りません。ずっと他の人が張っているところを見て、たくさん張っているほうの逆に張っています。そうすると配当が大きくなります。

競馬にしても、本命にばかり賭けても、たいした儲けは出ません。それどころか、儲かるのは主催者ばかりです。そんなの悔しいじゃないですか。穴馬を狙わない限り、大金を得ることはできません。それに、誰も注目していないような穴馬に賭けて当たったら、配当云々《うんぬん》を抜きにしても純粋にうれしいし、何より楽しいと思いませんか？

子供のころからそうでした。僕は天邪鬼《あまのじゃく》でみんながやることに拒否感があり、すべて「逆張り」をしていました。授業中でも「先生が言っていることは間違っているんじゃないか」とあら探しをして、先生に質問して恥をかかせるのが趣味で、ずいぶん嫌われていました。だからこれは、染みついた習性みたいなものなんでしょう。

「逆張り」は僕の人生哲学といえます。

いかがわしいものこそ成功する

美容外科に進むこと自体も「逆張り」でした。僕が美容外科に進もうかと思っていた時代、美容外科は世の中で一番あやしいものであり、あまりにもうさん臭くてビジネスにならないと思われていました。実際、まっとうな医者は一切手を出していない分野であり、失敗した経験を持つ医者のふきだまりみたいなところでした。本来、これから売り出そうとする人が進む分野ではなかったのです。

しかし、「逆張り」がポリシーの僕は、そうした世間の目とは真逆の目に賭けて一発逆転を狙おうと考えました。失敗するリスクもありますが、成功したときのインカムは大きい。誰もが行くほうに進んで小さな勝ちを何度か得るよりも、大勝負でドカッと何十倍も稼いだほうが絶対に効率がいいと思ったのです。

もちろん、失敗するリスクはあります。世の中の流れと逆のことをするわけですから、一文無しになってしまう可能性だってあるでしょう。しかし、リスクを冒さずに成功を得るなんてことは不可能です。失敗してもいいじゃないですか。無一文になっても、また最初からやり直せばいいんです。日本で生活している限り、たとえ無一文になっても命を取られることはありません。我が家の家訓は「この世で起きたことは、全部この世で解決できる。何をくよくよすることがあろうか」です。失敗したら、また稼げばいいのです。無一文になっても、生きていさえすれば再浮上のチャンスはあります。

これも大事なことですが、僕は「全盛の産業はまもなく衰退する。次の時代の覇者はいまあやしげなもの、いかがわしいものとされているものだ」と信じています。少年時代の僕が漫画家志望だったことは先にふれましたが、漫画が将来的に日本を代表する文化になると確信していましたし、実際世界に誇れる文化になりました。医療にしても、ちょっと前までは「再生医療はあやしい」と言われていましたが、現在、再生医療の最先端を担っている人たちは、近い将来、必ず勝ち組になるでしょう。

掘り尽くされた金鉱

反対に、いま絶頂にいるところは、もう行くべきところではありません。たとえば、東芝や日立、日産、シャープといった「あの会社は絶対大丈夫だ」といわれ、栄華を誇っていた企業は、時代の波に乗り遅れてしまい、瀕死の状態です。大きな船に乗ってしまえば成功すると思いがちです。しかし現実は、大きな船に乗っても成功するとは限りません。

高校の同窓会を開いても、いい大学を出て官僚になった人や大企業に入った人はしょんぼりとしていることが多いものです。彼らは肩書がないと何もできないのです。一方で、農学部に進んで「お前、就職先どうするの」と揶揄《やゆ》されていた人が、バイオが花形になったいまではこの世の春を謳歌していたりするんです。

いまの若い医師たちは、きつい肉体労働や医療事故のリスクを伴う「上層」の科への入局を嫌う傾向があります。反対に、かつてあやしいものとされた美容外科は、楽そうで収入が多そうに見えるのか、その人気はうなぎのぼりです。「高須先生のように成功したい」という若い人もいますが、それは掘り尽くされた金鉱みたいなものであり、すでに手遅れです。いまの時代、美容外科医は世の中にたくさんいるのですから、いまさらそこに進んでもたいした成功は得られません。

そもそも「高須先生のように美容外科を目指します」という若い人に対しては、心から「君たちはバカじゃないか」と思います。結果的に美容外科医になった医者は結構ですが、最初から何もないのに美容外科医を目指すのはいただけません。医者というものは、世の中のためになることをやるべきです。フルコースでいえば、美容外科はデザートみたいなものです。メインをつくれるようになったらデザートにもチャレンジしてみる。それでたまたま腕があっておいしいケーキがつくれるようになったら、それで名を馳せてもいい。しかし、はじめからケーキを狙うのは医者として論外です。

「自分を楽しんでいますか？」

さて、美容外科に進むこと自体が「逆張り」だったと述べましたが、もちろん勝算も見えていました。振り返れば、「美容整形をするヤツなんて人間のクズだ」なんて罵倒されたこともあります。医者としての未熟さを批判されるのはまだしも、単なる人格否定としかとれない誹謗中傷も珍しくはありませんでした。

ただし、散々バカにされていた美容外科が、やがて大きなムーブメントになることを確信していました。昔の医療は、あくまで病気を治すための治療医療でした。現代医学は、さらに一歩進んで、病気にかからないようにするための予防医療へと発展してきました。その結果、平均寿命が延び、長寿社会が実現しました。だからこそ、これから重要になってくるのは、第一の医療、第二の医療に続く第三の医療だと確信していました。

コンプレックスというものは人を強くします。しかし、コンプレックスのせいで体と心がかたまって明るく楽しく生きられない人も多いという現実があります。整形外科が専門の高須病院に「美容整形」を求めて来た患者は皆、コンプレックスを抱えていましたが、治療によってそれを克服すると、表情が一気に明るくなりました。思えば、前述のローレダー教授もコンプレックスを解消して生き生きとしていました。

他の医者の例に漏れず、かつての僕も病気を治したり、痛みを和らげるなどして患者を救うことだけが医療だと思っていました。しかし、さまざまな経験を経て、「容姿を変えることで患者の心を治癒できる美容外科も立派な医療のひとつではないか。身体を治す治療ではないかもしれないが、患者を幸せにできる医療だ」と思うに至ったのです。

日本の美容外科の先駆者と呼ばれるようになったいま、あのころの自分の決断に間違いはなかったと心から思います。世評や外野の声なんてどうでもいいのです。大事なのは自分がどれほどの覚悟を持っているかということ。やりたいことや、いいアイデアが浮かんでも、失敗したらどうしようと思い悩み、結局何もできずに終わってしまうなんてことがありませんか。何もしなければ失敗しないかもしれませんが、いい結果も生まれません。現状維持はできるかもしれませんが、劇的な変化はありません。そんな代わり映えのしない人生を送るなんて、僕には耐えられません。

「自分を楽しんでいますか？　ＹＥＳ！　高須クリニック」

高須クリニックが長年使用しているキャッチフレーズは、亡き妻が考えたものですが、僕自身、何よりも人生を楽しむことをモットーにしています。やりたいことをやる。それが人生を楽しむ一番の道だと思います。

もちろん、失敗することもあります。ただし、負けを認めなければよいのです。僕は自分が負けたと思うまでは負けたことにならないという考えです。僕が生まれ育った一色町は半農半漁の町であり、子供たちもおしなべて腕っぷしが強い。一方の僕は医者の息子で、しかも色白のデブ。学校では完全に浮いていて、格好のいじめの標的でした。通学路では石をぶつけられ、持ち物を奪い取られては汚いドブに捨てられる毎日でした。こうした暴力的ないじめだけではなく、悪口や仲間外れといった精神的ないじめも続きました。年賀状には一色町 高須白ブタ君と書かれていたものです。

いま思い出すとよく耐えられたなといういじめでした。いまでこそあっけらかんと明かしていますが、本当につらくて学校に行きたくないと思ったことは一度や二度ではありません。実際、死んでしまいたいと思ったこともあります。しかし、僕の心は折れませんでした。むしろ、「この小作が！」「僕は愚民のお前らとは違う」と対抗していました。腕力では負けるので口で応戦するのです。言わなくてもいいことを言うので、さらにやられてばかりでしたが、いまでも一度も負けたつもりはありません。自分から負けを認めなければ負けにはならない。降参せずに戦い続けている限り、負けではないのです。大切なことは打たれても挫折しても立ち上がり、いまに見ていろという気概を持つことです。

第二章　マイナスイメージをどう変えるか——七〇年代

高須クリニックの開設

一九七六年、愛知県名古屋市に美容外科の専門病院である高須クリニックを開設しました。クリニックの看板に書かれた診療科目は「整形外科　眼科　泌尿器科　皮膚科」。そこに「美容外科」という文字はありませんでした。病院や診療所が看板や電話帳などで広告できる診療科名のことを標榜科目といいますが、美容外科が標榜科目として認められ、正式な診療科となったのは、開業から二年が経った一九七八年のことであり、当時はまだ美容外科という言葉自体も存在しませんでした。

だから看板に「整形外科　眼科　泌尿器科　皮膚科」と記載して患者にシグナルを送り、「こう書いてあるということは、二重まぶたにしてくれたり、鼻を高くしてくれたりするんだろう」と治療内容を察してもらったのです。その昔、地図上に逆さクラゲの温泉マークが書いてあると、「ここに連れ込み旅館があるんだな」と暗黙の了解でわかりましたが、これと同じようなものです。

当然、大学の医学部には美容外科の講座や授業はありませんでした。現実には、はるか昔から「美容整形」という名称で美容外科手術が行われており、美容外科をやっている医者がいることは知られていましたが、学問として成立していないゆえ、目指すものでも、なるべきものでもありませんでした。

実際、僕が美容外科の道に進むと打ち明けたとき、親戚中からこう罵倒されました。

「よりによって美容整形をやりたいなんて、頭がおかしくなったのか！」

とりわけ父方の伯父の反対は強烈でした。僕が中学一年のときに早世した父は五人兄弟でしたが、その長兄にあたる伯父は結核治療で財を成し、サナトリウムをいくつも持っていました。その伯父に呼び出されて、こう宣告されました。

「もし克ちゃんに悪い問題が起きても、わしらはまったく関係ない」

つまり、「お前は医者ではないことをするんだ。もし何かあったら親戚として縁を切るぞ！」というわけです。カチンと来た僕は「そのうち結核なんて撲滅されてしまう。そして、みんなが長生きする時代が来て、若くてきれいな人がモテる時代が来ると思うよ」と反論しましたが、伯父は「そんな時代が来たら逆立ちして日本中を歩いてやるわ！」と自信満々でした。

結果は皆さんがご存じの通りです。結核は過去の病気になり、いまの若い人はサナトリウム自体を知りません。本音をいえば、伯父に逆立ちをさせたかったのですが、死んでしまってはどうにもなりません。結局、父親の兄弟のうち、僕の成功を見届けてくれたのはたった一人だけでした。

美容外科のルーツは世界大戦

もっとも、親戚から出た「美容外科医は医者ではない」という言葉は必ずしも間違っていません。医療の世界では、ヒポクラテスの時代から「医者は病人しか扱ってはいけない」という不文律があるんです。

本来、病人に治療をするのが医療です。形成外科も美容外科も体の外面的な部分を整えるということでは共通する医療であり、治療には同様の技術が必要とされます。しかし、容姿や見てくれの老化は病気ではありません。当然、病気ではない人にメスを入れるのは治療ではないという考えはもっともであり、それゆえ、いかがわしい医療とみなされ、美容外科は標榜科目として認められなかったのです。一九七五年、形成外科が標榜科目として認められ、正式な診療科となったとき、わざわざ「形成外科に美容は含まない」と定義されたのもそのためです。

一方で、「美しくなりたい」「もっと若くなりたい」と願うのは女性の、いや人間の本能であり、昔からそう願う女性はたくさんいました。正式な診療科として認められる前から、それこそ戦前から、美容外科は多くの女性たちに求められていたのです。

美容外科のルーツについては、古代インドで刑罰として「鼻そぎの刑」をうけた罪人の鼻を修復したという伝承もあります。しかし、いま我々がやっているような美容外科は、第一次世界大戦後、戦いによって容貌を破壊された兵士の見た目を良くしようとしたことが始まりとされています。つまり、見た目を修復する形成外科の技術です。やがて戦争が終わり平和になってきたとき、鼻をつくれるのであれば鼻を格好良くしようじゃないか、あるいは崩れた顔の容貌を治せるのであれば天然で崩れた部位をきれいにすることもできるのではないか、とその技術が発展していったのでした。

こうした経緯ゆえ、「近代の美容外科のルーツは形成外科だ」「美容外科は形成外科から分かれたものだ」と主張する形成外科出身の美容外科医がいますが、それは間違いです。現実には日本の美容外科は、民間主導で独自の発展をしてきたという異色の歴史を持っています。

日本では、アメリカ軍が進駐してきてから形成外科が一般的になってきましたが、それ以前から、美しくなりたいという女性の要求にこたえて、街の耳鼻科医が隆鼻術を、眼科の医師が二重まぶたなどの手術を、すべて手作業で試みていたのでした。

鼻を高くする祖母の手術

祖母もまた、美容外科の走りのようなことをしていました。昔の医者は医学部を卒業し、医師国家試験に合格していたわけではありません。勝手に自称できましたし、腕の良い医者のもとで修業をして技術を盗み取ったのです。いわば、包丁人や刀鍛冶みたいなものでした。ところが、明治の時代になると、様変わりします。近代国家に脱皮させようとしていた明治政府にとっての最重要課題は権威の確立でした。その結果、帝国大学医学部を卒業したエリートと、医師開業試験に合格した者以外は医者ではなくなったのです。

当時、医師国家試験はなく、代わりに医師開業試験というものがありました。祖母は一九歳で上京。近代医学を学ぶために東京医学校で学び、開業試験に合格。日本でまだ四〇人足らずしかいなかった女医となり、故郷の一色町に高須医院を開業しました。

地方の貧しい村ともなると、農業だけでは食べていくことができず、水商売を始める女性も多くいました。そして、その中には少しでも稼げるようになりたくて「鼻を高くしてほしい」と望む人がいました。祖母が行っていた診療は産婦人科や耳鼻科、小児科ですから、美容外科のノウハウがあったわけではありません。しかし、何とか力になりたいと考えたようです。

祖母は四姉妹の三番目ですが、跡継ぎを命じられました。他の三姉妹は町でも話題の美人でしたが、祖母だけ鬼みたいな顔。美人であれば嫁のもらい手に事欠きませんが、不美人となるとそうもいきません。だから手に職をつけさせておこうと医学校へ行かされたのでしょう。実際、祖母はとても強い人で婿に取った祖父を追い出してしまい、自分の力で生きてきた。そんな経験を持つだけに、困っている女性を放っておけず、海外の文献を読み、見よう見まねで隆鼻術をしてあげていました。

祖母はまずワックス（蜜蠟）を鼻に注射したらどうかと考えました。ところが、ワックスが鼻の中で固まって高い鼻になっても、うっかり焚火にあたったりすると溶けてしまった。そこで、象牙を突っ込んでみたり、いろいろ研究したようです。いまとなれば考えられませんが、低い鼻が高くなればいいという時代ですから、患者は「鼻が高くなった」と喜んだそうです。

こうした経験もあってか、僕が親戚中で大顰蹙《ひんしゅく》を買った中、唯一祖母だけが「鼻を高くしたり、乳を大きくしたりする仕事ならワシもやっとった。その当時に比べれば、技術も進歩しているだろうから好きにやったらいい」と口添えしてくれました。

結局、祖母が擁護してくれたおかげで美容外科に進むことが許されました。ただし、地元には需要がないことが明らかでしたので、高須病院を続けながら名古屋に美容外科専門のクリニックを開くことにしました。

秘技「処女膜再生手術」

一部では「美容外科は形成外科の一分野」という主張もあり、大学病院や総合病院において美容外科は形成外科に併設されていることもあります。しかし、美容外科が大学病院などで扱われるようになったのはごく最近のことです。それまでは市中の開業医が独自の研究を続けながら発展してきたゆえ、各クリニックの医者が行う施術は自己流であり、彼らは皆、門外不出の秘技を持っていました。

高須クリニックの歴史を振り返ると、開業当初にヒットした手術は、業界では有名だった先生から特別に伝授された秘技「処女膜再生手術」でした。

僕がまだ大学院生だったころのことです。もうお亡くなりになっていますが、僕の大学に支援をしてくれていた先生のひとりに、立川美容・形成外科の杉山正憲先生という方がいました。医学博士になりたい杉山先生は生理学の教室に一〇年以上も籍を置いていましたが、本業が忙しく、研究に時間を割くことができないという事情がありました。

そこで、生理学の教授に「高須君、杉山先生を少しばかり手伝ってあげてくれないか」と頼まれて、僕が論文の手伝いをすることになりました。

杉山先生は僕が手伝った論文で晴れて医学博士になり、すごく感謝してくれました。「君に何かお礼がしたい」と言うのですが、僕にとっては片手間に手掛けた論文に過ぎないので「何もいりません」と断ります。ところが、先生はどうしてもお礼をしたいとして、自ら生み出した秘技を教えてくれたのでした。

杉山先生は性器専門の美容外科医で、膣を狭くしたり、小陰唇を小さくしたり、そうした手術を得意にしていました。先生のクリニックは東京近郊にありましたが、外国人や米軍基地に出入りする女性やら数多くの女性が来ていました。彼女たちの要望は「あそこを名器にしてください」とか「あそこの締まりをもっときつくしてください」というものばかりで、「そんな世界があるのか！」と驚いたものです。

杉山先生は美容外科のいろいろな技術を教えてくれましたが、どれも自分の想像を超えるものばかりでした。そして最後に、「これさえ知っておけば食いっぱぐれることがない。本当の飯のタネを君に教えてあげよう」と教えてくれたのが、処女膜再生の方法だったんです。

美容外科的発想

いまとなっては信じられない話ですが、あの当時、処女膜再生はすごく流行っていました。一九七〇年代、まだお見合い結婚が主流だったころは、処女であることは「汚されていない」として女性の価値を高めてくれ、結婚前に処女膜再生手術を受けていた女性も少なくありませんでした。

当時、多くの美容外科医が処女膜再生手術を行っていましたが、杉山先生は豪語していました。

「私は処女膜をつくることにかけては、手術の時間においても成功度においても、ダントツの日本一だ。実際、一度もクレームをつけられたことがないばかりか、すべてのケースで喜ばれた。死ぬまで誰にも教えるつもりはなかったが、世話になった君だけには特別に教えてあげよう」

実際、先生が生み出した手術は、従来の方法とはまったく違う画期的なものでした。

処女膜再生手術というと、完全に処女膜を再生すると思っている人も多いかもしれません。しかし、先生の生み出した方法はまさに美容外科的発想から生まれた、それまでとはまったく違う方法でした。

従来の方法は、見た目も処女膜のようにつくるものであり、処女膜の切れはしを縫い合わせたり、よそから皮を起こしてきて、処女膜をつくりました。とにかく見た目も処女膜のようにして、破れるようにつくるわけです。このように、見た目をとにかく本来あるべき姿に復元するのは形成外科的な発想といえます。

ただし、それはかなり大変な作業なんです。極端な話、処女膜というのは出血すればいいというものでしょう。手術を希望する女性たちは、初夜が来週であったり、彼氏と初めて婚前旅行に行くのが来週であったり、そういうときに病院に来るわけです。ですから、本当に処女膜をつくらなくても、初めてセックスするときに出血して、女性が「痛い！」と言って、相手がそれに納得してくれれば、それでいいのです。とにかく目的を達成すれば大成功。これが美容外科的発想なんです。

杉山先生が生み出した秘技は、すごく簡単なものでした。マラソンのゴールテープをイメージしてください。カットグットという細い糸を膣の壁に残った処女膜の切れっぱしに縛りつけて、もう片方の壁の切れはしに縛りつけるだけ。そして、いざ挿入というときに、どっちかの処女膜の切れっぱしがブチッとちぎれて出血する。

イメージ的には、ペニスがマラソンのゴールテープを切る感じです。糸はほとんど肉色だから見てもわかりません。その際、女性は「痛い！」と演技するだけです。縛った糸はどうなるのかといえば、何ヵ月かすると溶けてしまう。僕は「さすがに専門家が見たら、わかってしまいますよね」と聞きましたが、先生によれば、「婦人科の医師と結婚した女性もまったくバレずに幸せな結婚生活を送っている」とのことでした。

手術時間は一分であり、患者さんに対する負担も少ない。さらに、医者も失敗しないし、費用も手頃です。この手術法は、杉山先生のオリジナルの秘伝で、知っているのはいまも昔も直弟子である僕だけです。先生は助手もつけずに一人で手術を行っていましたし、「見学させてください」という医者が来ても絶対に断っていました。しかし、杉山先生は高齢だったので、自分が生み出した技術を残しておきたいという気持ちもあったのだと思います。しかも、当時の僕は単なる学生。商売敵にはならないと思われたのかもしれません。

もっとも、杉山先生から秘技を伝授されたころは、自分が美容外科医になるなんて夢にも思っていなかったので、「すごいけど、ちょっとインチキだよな」と思うところもありました。

京都の舞妓さんが求める

ところが、です。現実には開業直後、この手術はクリニックの売り上げの柱のひとつになりました。一日に十何人の手術を行いました。医者仲間からは「処女膜再生手術というが、どういう病気なんだ。あいつとは一緒に酒を飲みたくない」と言われました。

しかし、当時は「だまされて処女を失ってしまった。私の人生は終わりだ」として自ら命を絶つ女性もいたほどだったんです。悩んでいる人がいるのであればそれを救うのが医者の務めでしょう。費用は一五万円。わずか一五万円で、それまでの人生をリセットできることは多くの女性の救いになったと自負しております。

処女膜再生手術の患者さんで印象的だったのは、あるお爺さんとお婆さんのエピソードです。六〇代の夫婦が連れ立ってクリニックに来ました。事情を聞くと、お爺さんのほうがこう説明します。

「妻はそういう商売の人で、結婚式もしていない。若いときに一緒になって苦労してここまで来た。死ぬ前に新婚旅行に行きたいと考えているが、それに合わせて女房を処女にしてほしい」

ご夫婦にとっては大事な儀式だったのでしょう。術後、二人は満足してクリニックを後にしました。

とりわけ需要があったのは花街である京都です。第二次世界大戦前後の京都で活躍した芸者を描いたハリウッド映画『SAYURI』の中で、チャン・ツィイー演じる主人公が「水揚げ」されるときに処女であることを証明しているシーンがありましたが、それもこれも、処女のほうが価値が上がるからなんです。

来週、お金持ちのお客さんに「水揚げ」されることになったという舞妓さんに、「いったいいくらもらうの？」と聞いたことがあります。彼女は「二〇〇〇万円です」と話していました。処女だというので、それほどの金額を相手の男性は出すことにしたのでしょう。手術代一五万円が二〇〇〇万円に化けるわけですから、「それだったら彼女には一五万円ではなくて一五〇〇万円の手術代をもらってもいいかな……」と一瞬思いましたが、どんな患者であっても料金を変えないのが高須クリニックのやり方です。

治療の料金は四〇年間一律のまま

クリニックにはお金持ちも貧しい人も来院しましたが、お金持ちだからといって多めにとることもありませんでしたし、貧乏だからといって安くすることもありませんでした。隆鼻術は三五万円、豊胸は一〇〇万円、処女膜再生は一五万円……この四〇年間、治療の料金は一切変えていません。料金をわかりやすく一律にしたのは、単に料金の交渉をする時間がもったいないからです。

一方で、それまでの美容外科の先生方の中には「いくら持っていますか。なるほど、そうですか。では、その範囲で治療しましょう」とばかりに相手を見て料金を決めている人も少なくありませんでした。患者のほうもしたたかで、お金を持っていても持っていないふりをする。まさに「お客さん、もう少し払ってくれたらもっといいことをしてあげますよ」という夜の仕事の世界と同じ構造であり、それゆえ、世間からあやしいものとされたのでした。

当時の雑誌には「美容整形付きフロアレディー募集」という広告がありましたが、おそらく水商売と美容整形がタッグを組んでいたのでしょう。実際、あの頃の美容外科はそうした世界と同じようなカテゴリーにありました。

一世を風靡《ふうび》した処女膜再生手術ですが、やがて廃れてしまいます。下火になったのは八〇年代。いまでは結婚の条件に処女を挙げる風潮もほとんどありませんから、需要はほぼありません。

愛染恭子騒動

処女膜再生手術といえば、思い出すのは裏ビデオ騒動です。実は僕、処女膜再生手術で一度、日本形成外科学会をクビになっているのです。一九八四年に当時大人気だった愛染恭子さん主演で『ザ・サバイバル』という映画が公開されました。南国の島で、数人の男性がさまざまな誘惑を受けるのですが、最後まで我慢できた人が愛染さんの処女膜を破ることができるというドキュメンタリータッチの作品です。このとき、映画のために愛染さんの処女膜再生手術を担当したのが他でもない僕でした。

代々木忠監督から手術風景を撮影したいという要望があり、愛染さんの許可を得たうえで撮影させてあげました。映画では手術室の全景や愛染さんの顔がクローズアップされているだけでしたが、手術している場面がバッチリ映っている海賊版が流出してしまい、そちらのほうが本編よりもヒットしてしまったのです。

その結果、「高須が裏ビデオに出ている」ということになり、形成外科学会を除名されてしまいました。僕は仕事の都合で学会に出席していませんでしたが、寝耳に水の話です。形成外科学会を除名されると、形成外科学会認定医の資格もなくなってしまいます。そこですぐ弁護士を同伴させ、次の学会に乗り込みました。

学会では「高須くん、本当に裏ビデオに出ているのか?」と聞かれましたが、そんな事実はありません。結局、誰もその裏ビデオを見ていないということで、証拠不十分でお咎めなしになりました。おそらく見ていたと思いますが、「僕が裏ビデオを見ました」と名乗り出ることができなかったんでしょう(笑)。いずれにしても、議事録は差し替えられ、除名は議題にあがったことさえ抹殺されました。

余談ですが、このとき一緒に除名取り消しされた医者がいました。大塚美容形成外科の院長だった石井秀忠君。彼の場合、大麻所持の現行犯で逮捕されての除名だったので弁明のしようがありません。議事録抹消による除名取り消しは思わぬ幸運だったことでしょう。それ以降、彼にはとても感謝され、ずいぶん慕われました。

自らアピールしなければ患者は来ない

開業当初から経営はそれなりに順調でした。つまり、それだけ需要があったということです。ところが、世の中では美容外科手術を受けることにマイナスのイメージが強くありました。当時の患者の多くは有名人や水商売で働く女性でしたが、整形したことを彼女たちは必死に隠していたものです。

ではなぜ、日本において整形はマイナスというイメージがこれほど強いのでしょうか。まずひとつは美容外科の独特の成り立ちが影響しています。また、儒教の影響で「親からもらった体にメスを入れるなんて……そんな親不孝はない」という考え方が根強くありました。

しかし、どんな事情であれ、患者に手術を隠すことを強いるなんて明らかにおかしい。だからこそ、まずは美容外科に対するマイナスのイメージを変える必要がありました。

世間の偏見を変えるためには「腕」と「評判」を上げるしかありません。もちろん、第一は患者に満足してもらえる手術をすること。それが信頼や評判を得る最良の方法であり、日々最新技術の研究に励みました。

一方で、評判というものは腕以上に医者と患者を結びつけるという現実があります。あの

「先生は腕がいい」という評判が立つと、患者はどっと集まるのです。それまでの美容外科クリニックはどこも目立たない場所でひっそりやっていましたが、僕は名古屋の繁華街である栄のビルで堂々とやりました。するとたちまち評判になり、そのうち名の知れた芸能人の手術をしたところ、その人が周囲に「高須クリニックは腕がいい」と言ってくれたおかげで、そのルートで多くの芸能人が来るようになりました。つまり、医者にとって評判はかけがえのない財産であり資本といえます。

それまでの常識では、医者の評判というものは一瞬でできるものではなく、階段を一歩一歩のぼってようやくできるものだと考えられていました。しかし、それを待っていたら、あっという間に年寄りになってしまいます。そこで、お客様に満足のいく手術を施すことで信頼を得ていくとともに、自らメディアに積極的に出演し、世の中に自分の顔、そして美容外科の魅力をアピールすることにしました。

三〇年以上前は、深夜番組で言いたい放題、過激な発言を連発していました。本音を言えば、テレビに出たかったわけではありませんが、僕のことを知ってもらわなければ患者は来ません。そこで、オファーがあれば積極的に出演しました。

テレビに出演するきっかけになったのは、一九七七年に発売した著書『危ない美容法』がベストセラーになったことです。「化粧や日焼けをしないほうが肌はきれいになる」などと書いたところ、想像以上に反響があり、美容医療の専門家として大阪の読売テレビの『11PM』にレギュラー出演するようになりました。いまでこそテレビで面白いことを言う医者がたくさんいますが、当時は僕のようなキャラクターは珍しかったので、たくさんの出演オファーをいただきました。

なりたい自分に外見を寄せていく

美容外科は是か非かを論じるテレビ番組にも出演。反対派の人物と激論を交わすこともありました。もちろん、目立つことで多くのバッシングを受けました。当時は美容外科に対する偏見が強い時代。高須クリニックのドクターではなく、美容外科の代表として矢面に立ったこともあり、様々な誹謗中傷を浴びたものです。やはり悪く言われ続けるのはしんどいもので、「いつまで持つかな」と弱気になったこともありました。

四〇代以上の読者は昔の僕の見た目を覚えているかもしれません。いまはチャーミングな見た目にしていますが、デビュー当時はコワモテ風でした。なぜイカつい風貌にしていたのか。それはコンプレックスに由来します。子供時代は「白ブタ、白ブタ」とバカにされ続け、大人になってからも童顔のせいで人になめられ、とにかく自分の容姿にコンプレックスを感じ続けていました。

そこで、パンチパーマに、レンズの上の方に薄く色が付いているサングラス風の眼鏡をかけ、チョビひげも生やしました。さらに、もみあげも長めにして、眉間にシワを寄せて……。イメージ的にはクラーク・ゲーブルでしたが、いま見るとピコ太郎のようでもあり、一目して普通の医者ではありません。すると、不思議と性格も鋭くなって、口論しても負ける気がしない。さらに、勝ち続けていると自信もついてきました。

結果として、外見を変えるだけで、怖いものなしの性格に変われたのです。人は外見から内面がつくられます。なりたい自分に外見を寄せていくというのは自分を変える近道のひとつです。しかも、コンプレックスというものは強ければ強いほど、強力なバネとなって、大きく飛躍する材料になります。仕事ができないというコンプレックスがある人は、少々値が張っても仕立ての良いスーツを着て、背筋を伸ばし、余裕のある笑顔でもつくってみてください。自然と自信が生まれ、きっと良い方向に変われるはずです。

世評の定まらない分野を手がけるのであれば、粛々と医療行為だけを行うほうが安全という考え方もあるかもしれません。しかし、病院にこもっていても患者は来ません。大事なことは攻めの姿勢です。実際、「美容整形の専門家」としてテレビに出演したメリットは大きく、患者さんが殺到しました。

一方で、弊害というか、予想だにしない事態も起きました。僕は下半身の専門家ではありませんが、『11PM』や『おとなのえほん』といったエロが売りの深夜番組では、下半身に関する相談を受けることがほとんどでした。どちらの番組も高視聴率を誇っていたため、顔と名前を売ることには成功しましたが、僕の容貌のあやしさもあって、すっかり「下半身の医者」というイメージが根強くついてしまったのです。これは完全に想定外で、当時の本音は「早く下半身の医者を卒業したい」というものでした。

ところが、包茎の手術が大ヒットして、大きな財を成すという数奇な運命が待っていたのです。

第三章　躍進とやっかみと——八〇年代

包茎手術の需要をつくり出す

美容外科の世界は日進月歩。たびたび大きなブームが起こり、高須クリニックも大きな発展を遂げました。そして、新たな技術を次々と生み出し、誰もやっていなかった経営手法をいち早く取り入れた僕は、やがて「日本の美容外科の先駆者」と呼ばれるようになりました。その成功の足掛かりとなったのは包茎手術でした。

ユダヤ教の聖典には「割礼せよ」とあります。旧約聖書は元々この聖典で、イスラム教の聖典とも共通点が多い。すなわちユダヤ教、イスラム教、キリスト教でも行われるので、世界的に見ると、「包茎は治す」というのが当たり前でした。

一方、日本では包茎を気にするという文化はありませんでした。包茎治療自体は昔から存在していましたが、わざわざ手術を受ける人は少数しかいなかったのです。そこで、日本でも包茎を治す文化になったら面白いと考えました。日本人の約半分は男性。しかも、日本人の七割は仮性包茎だといわれています。つまり、ものすごく大きなマーケットがありました。掘り起こすことができれば大金脈になることは間違いない。当時、「これは日本のモータリゼーションぐらいの大革命だぞ」と思ったものです。

どんなビジネスでもそうですが、需要はつくり出さなければいけません。とりわけ、日陰の存在である美容外科業界は自分たちで需要を喚起していく必要がありました。ただし、それまでの常識を変えるのは簡単なことではありません。では、何をしたのか。『ホットドッグ・プレス』や『ザ・ベスト』、『週刊プレイボーイ』といった年頃の男子が好んで読むような男性誌とタッグを組み、「包茎を治さない人は人間じゃない」という大キャンペーンをはりました。

たとえば、女性に「こんな男性がタイプだ」「こんな男性がモテる」という座談会をしてもらい、最後に「誠実であればどんなルックスでもいいけど、仮性包茎だけは臭いから嫌だ」というメッセージを出してもらう。あるいは、僕とAV女優の対談の中で「どういう男性が好きなの？」「どういう人でも大丈夫だけど、仮性包茎は早漏クンなので嫌です」というやりとりをする。

当時、子宮がんの原因がパピローマウイルスだという説が出ました。このウイルスは包皮の下に潜んでいる恥垢の中にたくさんあります。そこで、「恥垢をつくらないためには包皮を切り取ったほうがいい。彼女を子宮がんにさせたくないなら包茎を治そう」と啓蒙したこともありました。もっとも、これらはすべて巧妙なタイアップ記事です。

こうして「包茎は不潔だし、女性に嫌われる」という暗示をかけていくことで、たとえ仮性包茎であっても包茎は治さなければいけないという意識を植えつけていったのです。結果は大成功。日本男子の意識を変えました。「そんなバカな！」と思われるかもしれませんが、たいていの男性はすごく気にします。読者の中にも「包茎は治さないといけない」と信じていた世代がいるのではないでしょうか。

過去の技術に目を向ける

もちろん、啓蒙活動をしただけではありません。同時に新しい治療法を開発しました。実は日本のレーザーメスの一号機は僕が購入しています。僕はそのレーザーメス一号機と、古くからの技術に改良を加えたクランプ式無出血包茎手術器を組み合わせて、一滴の血も出さず短時間で包茎を治せるシステムを完成させました。

ヒントというのは誰も目を向けないところに転がっています。このときの成功は過去の技術に目を向けたことにありました。僕が過去の文献から見つけたクランプ式包茎手術器は太平洋戦争時代の技術であり、特許はとっくに切れていました。戦艦大和をつくっていた時代の技術ですが、昔の日本の技術というのは、実にたいしたものです。

しかし、昔から日本で使われていたクランプ式包茎手術器には問題がありました。クランプが銀色に光っているので、レーザーが当たると反射して、光が当たったところが発火してしまい、事故が起きてしまう可能性がありました。そこで、レーザー光を吸収する黒いクロムメッキに加工。その結果、火が出る危険はなくなり、手術時間も従来の三分の一、トータル一〇分で終わることが可能になりました。

手術そのものは簡単です。ペニスの根元に局所麻酔注射をし、ペニス全体の感覚を一時的になくします。次にクランプという器具をペニスに装着し、切除部位の余っている皮を挟み込み、レーザーメスで皮を焼きながら切除します。そして、焼き切られた部分を手術創傷接着糊で接着し、最後に溶ける糸で縫い合わせます。

当時の診療室は大部屋で、ベッドをカーテンで仕切っていました。患者が入ると、一見個室に見えますが、奥はつながっていて、医者とナースが移動できるようになっていました。レーザーで切る係、縫う係とそれぞれ担当者がいて流れ作業で行います。いっぺんに一〇人並べて手術し、また次の一〇人を診察室に入れて、と施術していました。

抜糸のために来院する必要もありません。患者にとって負担が少なく、クリニックにしても一時間で六〇人もの手術が行えた。大量生産が可能なユニクロの工場みたいなもので、まさに画期的な方法でした。

世の風潮に合わせて

狙い通り、包茎手術は大ブームとなりました。東京都港区赤坂に高須クリニック赤坂院（いまの東京院）を開設したのは一九八一年。東京院はいまでも同じビルに入っていますが、当時は別のフロアに総合商社「トーメン」が入っていました。多い日には三〇〇人もの包茎手術を行いましたが、それだけの数をやると、レーザーメスで包皮を焼き切ったときの煙が立ち込めて火災報知機が反応してしまいます。

そこでダクトを設置していろいろな方向へ流すようにしたところ、総合商社の社員から「このビルで人を焼く臭いがする」というクレームが出て、それはもう大変な騒ぎになりました。

いまは完全予約制にしていますが、当時は来るもの拒まずでした。患者の男女比は、いまは半々ですが、当時は男性が圧倒的に多く、九割という時期もありました。その結果、美容外科クリニックにとって一番のお客様であるお金持ちの奥様方やきれいなお姉さん方が嫌がってしまうという事態が起きてしまい、主に包茎治療を行う平成美容外科という名前のチェーンをつくって営業していた時代もありました。

包茎手術ブームを悔しがったのが泌尿器科の医者です。よく考えると、包茎の患者というのは誰も目を向けていなかっただけで、もともと存在していました。ただ単に彼らには包茎を治療するという発想がなかっただけ。その後、包茎は儲かると知り、泌尿器科の医師が続々と参入してきましたが、ときすでに遅し。誰かがすでにやったことをやっても大成功はしません。

一時は「包茎は治すべきもの」という価値観が一般的でしたが、時代の変化とともにそれも薄れてしまいました。介護を受けることになった高齢者などが、女性ヘルパーさんの視線を気にして施術を受けられることがありますが、現在はすっかり下火です。かつてニシンの大群のように来ていた男性たちはどこに行ったのか。これも日本男児が草食化した影響なのかもしれません。

現在のパートナーで漫画家の西原理恵子にいわせれば、「高須が包茎手術産業をつくった」。産業は新しくつくらなきゃいけないんです。それまでの美容外科の世界で、僕みたいなアプローチをした人は誰一人いませんでした。理由は日陰産業だから。世の中からいかがわしいものと見られていたせいで常に姿勢が待ちでした。しかし、日陰産業だからこそ攻めの姿勢を持つべきだと思います。

潜在的な患者を掘り起こし、メディアを使って大衆を啓蒙し、産業に育てる。美容外科が黎明期だった時代は、このビジネスモデルでいくつかのブームを起こしました。

包茎手術ブームを巻き起こした後、ワキガ治療も流行らせました。日本経済が発展しつつあった時代は、精力あふれるバンカラ学生が結構モテました。だから、風呂に入らなかったり、新品の学生服をボロボロにしたり、と男臭さをわざわざ演出していました。

しかし、やがて時代は変わり、男臭さは拒絶され、無臭が好まれるようになりました。そこで、そうした風潮に合わせて、「ワキガは嫌われます。いまは体臭コントロールの時代です。モテたいならワキガを治しましょう」と訴えました。

その後も、世の風潮に合わせて、ハゲを治しましょう、脱毛しよう、デブを治せ、などとブームを仕掛けました。

「売名行為」は悪い医者か？

僕のビジネスモデルにとって、広告はいまも昔も欠かせないツールです。そもそも、医療の世界で広告を活用したのは僕が元祖です。もともと医者にとって、広告は望ましいことではないとされ、「露出を高めるのは売名行為であり、悪い医者だ」という考えが蔓延していました。それゆえ、医療広告は基本的に医者の名前と診療科目と所在地くらいしか出してはいけなかったのです。

しかし当たり前のことですが、車にしてもスマホにしても宣伝をしなければ売れません。それは自由診療である美容医療も同様であり、広告とは思われない感じのタイアップ記事を、当時勢いのあった週刊誌に書いてもらうことにしたのです。

いま、美容外科医がテレビCMにたくさん出ていますが、その元祖も僕です。しかし、以前は医者がCMに出ることすら禁じられていました。とはいえ、医師本人がCM出演してはいけないという法律があるわけではありません。テレビ局が自主規制して、本人の映像を出さないようにしていただけでした。テレビ局は免許制なので、基本的に横並びで、トラブルを恐れて新しいことをしない体質なのです。

だから僕はそんな風習を打破してやろうと考えました。もともと僕が出演するCMを実験的に制作していましたが、テレビ局に「僕の顔を出すCMを出稿する」と伝えても、審査ではねられてしまいました。そんな折、深夜枠の歌番組を協賛してほしいという依頼がきました。協賛を依頼してきた会社はCMを含め、すべてそのまま放送できる形でつくるというので、どさくさに紛れてそのCMを放り込むことにしたのです。一応、番組の一部ということにしているのですが、どう見てもCMです。キー局では流れていませんでしたが、その系列である全国の二〇局以上のローカル局でオンエアされました。

こうして既成事実をつくってから、テレビ局に「僕の顔を出すCMを出稿したい」と再度伝えました。しかし、反応は「こんなもの流せるわけがないじゃないですか」というものでした。テレビ局にはCMを審査する部門があり、そこの社員はプライドが高いんです。そこで、僕は小バカにしたような態度の社員にこう言いました。

「いや、あなたの会社の系列局ですでに流れていますよ。深夜にやっていますから見てください」

すると翌日、トーンダウンした声で連絡がありました。プライドの高い彼らは自分の非を認めません。でも、テレビ局としては、過去にチェックをしなかったミスを認めたくない。結局、誰も責任を取りたくないものだから、審査をパスさせてくれました。以来、なし崩しで他局も流せるようになり、ほかの美容外科クリニックも僕の真似をしてテレビCMを始めたのです。

日本人は子供の頃から「あれをしてはいけない。これをしてはダメだ」という教育を受けているので、枠からはみ出すことを嫌い、「ダメだ」と言われると簡単に引き下がってしまいます。しかし、僕は納得するまで引き下がりません。CMの件のように、ダメだという根拠がいい加減だったり、単なる慣習だったりすることもあります。しかも、一度壁を突破してしまうと、どんどんいろいろなものが崩れていくことが多いので、簡単に引き下がるのはもったいないことです。

なんでも下品にやるべき

このCMをきっかけに、高須クリニックだけではなく、美容外科自体の知名度も上がり、一般的な診療として普及していきました。テレビにしろ、雑誌にしろ、露出する目的は「顔を売る」ことです。実は件《くだん》のCMの前に「ステーキのあさくま」という会社のCMに高須クリニックの院長として出演して、「ステーキは僕の活力の源です」なんて宣伝していたこともあります。実はこれ、僕が制作費やら何から何まで資金を出していました。とにかく顔を出すことが重要なんです。テレビ番組や雑誌の場合、継続して露出するのは面倒ですが、CMは自動的に毎週流れるので非常に優秀な宣伝ツールだと思います。

CMを制作する際、広告代理店にすべて任せる人もいるようですが、僕は正反対のタイプでかなり口を出します。理由はプロであるCM制作会社にしても、大事なことを見誤っていることがあるためです。CMにおいて何よりも大事なことは、広告塔である僕が十分に露出して、なおかつ視聴者が僕を認識してくれること。

ところが、多くの人は企業イメージなどフワッとしたものを考えます。

「クリニック名を連呼するだけのCMは陳腐だ」

こう言い放った議員がいましたが、連呼することが正解なんです。一番しっかりできているのは、ピコ太郎と共演したCMです。僕の存在感があって、クリニック名を連呼してくれれば、それだけでいいんです。

医者として立派に見られたいという人に限って、やたら上品につくろうとしますが、顔を覚えてもらうためには下品につくるのがコツです。上品は功成り名を遂げた人がやる作業であり、これから成り上がりたい人は、何でも下品にやるべきです。下品にやっているときはパワーがあるとき。上品になると、その企業は徐々に下降していきます。

これは子供時代の経験から学んだことでもあります。田舎の旧家である高須家は上品にやってきて没落した家です。一方、周囲を見ると、パチンコ店の経営で成功した人や土地転がしで成り上がった人などは見るからに下品でしたが、パワーがありました。上品ぶっている人に限って彼らをバカにしていましたが、バカにされようが何されようが、経済力を持っている人が勝ちです。

「クイック式二重術」ブーム

高須クリニックを一大ブランドに発展させたのが包茎手術とすれば、美容外科ブームのきっかけになったのは、メスで切らない二重まぶた術である「クイック式二重術」です。もちろん、僕が考案しました。

人間の顔の中で対面した相手に一番印象を与えるパーツはやはり目です。目がパッチリと大きく美しい人は、それだけで他人に好印象をもたれます。ところが、現実には日本人の目は小さくて一重の人が多く、「二重まぶたにしたい」と希望する人のために、昔から二重まぶたをつくるためのさまざまな手術法が試みられていました。

その歴史の中で、好ましくない手術法は自然に淘汰されていき、最終的に残ったのが切開法と、メスで切らない二重まぶた術である埋没法でした。

切開法は、二重にしようと思うヒダの予定線を切開して、中の脂肪を切り取り、二重の線をつくって縫いあげる方法です。手術時間は約三〇分。一週間後に抜糸の必要があり、その後しばらく切開した線が、まぶたを閉じたときに一本の線になって残ります。これが目立たなくなるのは数ヵ月後。まぶたにかなり脂肪のついた人向きの手術でした。

一方の埋没法は、髪の毛並みの細い特殊な糸を使って、まぶたの裏側から二重まぶたのヒダをつくりたい線に沿って二ヵ所留めるだけ。施術時間は、両目合わせてわずか一〇分。傷跡が残らず、抜糸の必要もない。こちらはまぶたの脂肪が少ない人向きでした。

患者にとってはメスで切らない手術のほうが安心でしょう。しかし、切開法はもちろん、従来の埋没法にしても、血管の豊富な部分に糸をかけなければ二重がつくれない手術でした。そのため腫れやすく、手術後一週間は化粧できないなどの注意が必要でした。

そこで、この腫れを防ぐための研究を重ね、問題を解決することに成功しました。僕は従来の方法よりずっと血管の少ないところを選んで手術をしても、二重ができるということを発見。まぶたの裏の瞼板《けんばん》という軟骨みたいな板に操作を加えて、瞼板とまぶたの皮膚に細いナイロン糸で癒着を起こさせることにしました。これによって皮膚の表面に筋ができ、二重になるのです。しかも、この作業を一本の糸で行いました。

完成された技術は受け継がれる

これが高須式埋没法「クイック式二重術」です。それまでメスで切る二重まぶた術など手間暇かかる手術を何度も経験し、そこから無駄なものをそぎ落としていき、この形にたどり着きました。医者の中には簡単にできるものをわざわざ複雑にしたがる人もいますが、シンプルなほうがいいに決まっています。

この方法は、傷跡がまったく残りませんし、仕上がりも自然です。また、強力な効果のある最新の麻酔剤を使用したことで術中の痛みは皆無になり、新たに開発された点眼麻酔剤を使用することでまぶたの裏への注射も不要になりました。さらに、手術中に使用される糸や針にしても腫れが出ないように特殊なものをメーカーに開発させました。その結果、腫れは劇的になくなり、手術当日から洗顔もシャワーも可能になりました。

高須クリニックでは、一九八八年の暮れからクイック式二重術による治療を始めましたが、まだメスを使ったハードな美容外科手術が主流の時代でしたから、これまた患者が殺到しました。僕はこの技術を『〝クイック整形〟ならたったの10分　美容整形してみようかな』という本にまとめました。僕よりも前の時代の先生方は、優れた技術を持っていましたが、こうしたマニュアルみたいなものを残していませんでした。そこで、僕がマニュアル化して、その技術を広く伝えることにしたのです。

高須式埋没法「クイック式二重術」は、現在主流になっている切らない美容整形の先駆けであり、いまでも二重まぶた手術においてポピュラーなやり方です。本当に優れた技術、完成された技術というのは、時代が変わっても受け継がれていくものです。

また、美容外科が少しでも一般の人に身近なものになってほしいという思いで、メスを使わない手術を「クイック整形」と名づけました。これはのちに「プチ整形」という造語につながります。

美容外科医の商売敵となって

さて、包茎とクイック式二重術という金脈を掘り当てた結果、高須クリニックは急成長を遂げました。開業から間もなく、北海道から九州まであちこちにクリニックをつくりました。もちろん、偉そうにふんぞり返っていたわけではなく、全国各地を飛び回ってオペをしました。

全国チェーン展開の先駆けとなったわけですが、実は狙っていたわけではありません。チェーン化の経緯は単純です。読売テレビでレギュラー番組を持つようになり、その効果で全国的に顔が売れていき、患者も増えました。そこで名古屋に次いで大阪で開業したところ、名古屋よりも流行った。そのうち、東京でも撮影があるので東京に開業してみようとやってみたら、さらに流行った。八三年には広島、八五年には札幌と横浜、さらに仙台と福岡、そしてハワイ。支店は増える一方で、高田馬場にビルを買ってここを本部にし、包茎など簡単な手術だけを行う安売り専門のチェーンである平成美容外科も設立しました。気づくと、一大チェーンができていました。

チェーン化の結果、新たなシステムもできました。その昔、美容外科の世界には「あの医院の先生は二重まぶたの手術がうまい」「この先生は隆鼻術がうまい」などと名医と呼ばれる人がいました。しかし、一人の医師が名人芸でやってきた時代は終わり、複数の医者が力を合わせてひとつの手術をする形になりました。センスが良くて経験のある熟練の医師が、若くて経験は浅いが手先の器用な医師を指導しながら手術するわけです。

急成長でしたから人手も不足しました。僕が開業した頃、昭和大学の整形外科から形成外科が独立しましたが、形成外科に行ってもすぐに食べていけるわけではありません。そこで、全国展開する高須クリニックにアルバイトに来てもらいました。当時は、昭和大学形成外科の医局員の多くが非常勤の形で高須クリニックにアルバイトに来ていて、中には高須クリニックへの就職を希望する医局員も少なくありませんでした。昭和大学の形成外科をそっくりそのまま乗っ取ったような感じでした。

成功すれば、叩かれるのが世の常です。本来、美容外科クリニックは目立たないところでチマチマやっている中小企業なんです。ところが、僕は日本中に支店をつくり、さらに全国規模で広告を打ち、ごっそり患者をさらっていった。まさに全国の美容外科医の商売敵です。

憧れの「嫌われ者」

ちょうどハワイの高須クリニック開設の準備をしているときだったと思います。僕の恩師である昭和大学医学部形成外科の鬼塚卓彌教授にこう言われました。

「高須君、業界の医者たちが君のことを何て呼んでいるか知っているか。日本のイヴォ・ピタンギと呼んでいるそうじゃないか」

イヴォ・ピタンギは美容外科界の巨人であり、世界一有名な美容外科医でした。F1レーサーのニキ・ラウダが大事故で瀕死の大火傷を負ったとき、リオデジャネイロのピタンギのもとに運ばれ、奇跡の復活を遂げたことは有名な話です。画家のサルバドール・ダリが大火傷から復活できたのもピタンギの神の手によるものだといわれています。また、グレース・ケリーやソフィア・ローレン、エリザベス・テーラーの主治医としても有名です。世界中のセレブが彼の手にかかっており、信奉していました。

僕はライバルの美容外科医たちから「日本のイヴォ・ピタンギ」と呼ばれていたわけですが、これは誉め言葉ではありません。教授は、顔を上気させて「うれしいですね。光栄です」と答える僕に対し、冷たい口調でこう言いました。

「勘違いしちゃいかんよ。ピタンギは世界の嫌われ者だよ。つまり、君は日本の美容外科医たちの中の嫌われ者ということだ。彼は世界中のいい客のいるところに行って、おいしい客を根こそぎ取っている。だから嫌われ者なんだ」

当時のピタンギ先生は五〇代の働き盛り。お呼びがかかればプライベートジェットで世界中に出向き、セレブの手術をやっていました。荒稼ぎする先生は、地味で貧乏な医者たちの怨念の的でした。

一方、僕も全国にチェーンを展開し、全国を飛び回っていた。僕は先生のように高額な治療費を受け取っていませんでしたが、各地を飛び回る姿がピタンギ先生と重なって見えたのかもしれません。

その後、ある学会でピタンギ先生とお会いすることができました。僕が日本のピタンギと呼ばれている話をしたらすごく気に入ってくれて親交が深まり、たくさんのことを教わりました。高額な報酬を受け取ることへの批判について、経済的な裏付けがなければ自分のやりたい医療ができないと、先生は仰っていました。

先生は外から見ると、派手な生き方に見えましたが、国内ではサッカーの英雄ペレと同じくらい尊敬されていました。というのも、先生は美容外科で稼いだお金をサンタ・カーザ総合病院という無料の貧民救済病院に使っていました。貧しい人に無償で治療を行う。それは先生にしかできない治療でした。

先生との親交は二〇一六年に亡くなるまで続きましたが、僕は先生から生き方を学んだつもりです。僕は高須クリニック東京院の院長のかたわら、地元にある高須病院の理事長をしています。高須病院は一般の病気やお年寄りのお世話をする地域密着型の病院ですが、こちらは利益度外視で、僕は給料を一切もらっていません。

有名な貝原益軒の『養生訓』には「医は仁術なり。仁愛の心を本《もと》とし、人を救ふを以て、志とすべし」とあります。医者というのは、どんな診療科をやっていても、社会に奉仕するのが使命だと考えています。

嫌がらせは日常茶飯事

さて、「日本のピタンギ」と呼ばれるくらいでしたから、嫌がらせは腐るほどありました。昔は電話で患者の予約を取っていましたが、妨害するためなのでしょう、電話が鳴りっぱなしでした。かかってくると切れる、かかってくると切れる、その繰り返しです。僕のせいですっかり暇になった商売敵は、電話がかかっている間は予約が取れないだろうと考えたのでしょう。

テレビの番組に出演していると、その最中、テレビ局に非難の電話がかかってくるということもありました。

「あいつは悪い医者なんだよ。番組降ろせ！」

「あんな男を出すな！　わしを出せ。わしのほうが手術はうまい」

犯人がわかったので、その先生に電話しましたが、「わしはそんなことしていない」の一点張りでした。こうした嫌がらせは日常茶飯事でしたが、それが負担になったことはありません。同じ場所で毎日やられたら精神的にこたえます。しかし、幸いにも僕は全国を飛び回っていたのでストレスになることもありませんでした。

開業当初の患者には暴力団関係者もいました。中には「当たり屋」のようなチンピラもいて、治療を受けた後、たいそう立派な名刺を持ってきて、診察室で何だかんだと言いがかりをつけてくることもありました。しかし、患者の中には同じ組織の幹部の奥さんもいて、その方が待合室に入ってきた瞬間、腰を抜かして立ち去ったという笑い話もありました。

同業者とのバトル

天下を取るには同業者を蹴落とさなければなりません。では、勃興する美容外科マーケットの覇権を争った同業者とのバトルについても明かしましょう。野心あふれる新興の高須クリニックが既存のクリニックを倒して天下を取るまでの話です。

僕が美容外科医としての一歩を踏み出した当時、業界のトップに君臨していたのは十仁病院（現・十仁美容整形）でした。院長の梅澤文雄先生は日本医師会のドン武見太郎先生の親友であり、日本医学会の熊谷洋会長とも親しかった。政界にも広い人脈を誇り、「十仁病院の売り上げは慶應病院より多い」と信じられていたものです。

実際、その力は絶大でした。美容外科は一九七八年に標榜科目になり、正式に病院の診療科に加えられましたが、十仁病院が政治資金を出し、羽生田進という代議士が旗振り役となり議員立法で通した形です。いわば、十仁病院の政治力のおかげでした。

余談ですが、その際、診療科の名前が二転三転しました。いまでもそうですが、美容外科手術は一般的に「美容整形」あるいは「整形」と呼ばれていました。実際、「私は整形していると思いますか」と質問された場合、骨折の痕の有無を調べる人はいないと思います。それだけ整形という言葉が浸透しているわけです。当然、医者からは「美容整形」という名称案が出ましたが、整形外科の強烈な反対によりこの案は潰されてしまいました。そこで、整形外科のご機嫌を損なわないように「整容外科」という案が出ましたが、これも反対されてしまった。その後、「美容医学」という名前にしようとしましたが、「医学なんて、そんな科はない」という意見が出て、最終的に美容外科に落ち着きました。広く伝われている「美容整形」が正式名称ではない背景にはこうした経緯があります。

なお、美容外科に似た診療科として「美容皮膚科」がありますが、これは新たに二〇〇八年に標榜科目として認められた診療科のことです。

当時の十仁病院は圧倒的なネームバリューを持ち、「東京で最高の美容外科手術を受けたい」とする患者が全国各地からまるでサケが遡上するように十仁病院に集まっていました。

では、そんな美容外科界の巨人からいかにしてトップの座を奪ったのか。

結論から言うと、全国にチェーンをつくった結果、図らずも遡上してくるサケを僕がほとんど捕ってしまったのです。梅澤先生とは仲良しでしたが、当時はこんなやりとりがありました。

「高須君、最近の景気はどうかね」

「いやもうひとつですね」

「実はこのところ患者がめっきり減ってしまってね」

原因は明らかに僕ですが、「なんででしょうかねぇ」ととぼけました。しかし、さすがに先生も気づいたようで、突然全国展開を始めました。しかし、最初につくったのが四国の松山。次に新潟。高須クリニックとの競合を避けたのかもしれませんが、どこかズレていました。また、地方に進出した結果、肝心の本院が手薄になってしまったようです。

気づくと覇権を握っていた

そんなわけで、気づくと覇権を握っていました。しかし、これは必然の結果だと考えています。当時、十仁病院のほかにもそれなりに名前の売れたクリニックがありましたが、日本の美容外科の成り立ちでも説明したように、先生方はたいてい、ドロップアウトした人たちです。失明させてしまい二重まぶたをつくるようになった元眼科医、お産で失敗して女性器を整形する専門家になった元産婦人科医、食えなくなって局部に真珠を入れるようになった元泌尿器科医……。それぞれ卓越した秘技を持っていましたが、大先輩の先生方は「ここはふきだまりだから」と自嘲していたものです。

一方、僕は大学で形成外科の訓練を積み、ドイツで最先端の整形外科も学んだ。言ってみれば、初めから子供相撲にふんどし担ぎが混ざるみたいなものであり、「この分野だったら僕が優勝だな」と確信していました。しかも、当時の美容外科医は年配の方ばかり。さらに、「美容外科をやるのは人間のクズ」と思われていたので、若い人は参入してこない。ライバルがいなければ優勝は確実なのです。

第四章　昨日の美人は今日のブス——九〇年代①

受け入れられる美容外科

日本において美容外科が一般的に受け入れられるようになってきたのは昭和天皇が崩御されたころからだと思います。美容外科が広まった背景のひとつとして、経済的に豊かになったことが挙げられます。国民が貧しいうちは美容医療は発展しません。国民が衣食住に困らなくなり、治療医学、予防医学がいきわたり、幸せを求めるようになると、若さと美しさを求めるようになります。

そもそも、美容外科は富裕層の娯楽のひとつであり、欧米では「美容外科をした人はリッチだ」という考えがあります。だから彼らは手術を受けたことを隠しません。

そして、もうひとつは「親からもらった身体を傷つけるべきではない」という儒教的な考え方が薄くなってきたことだと思います。

待合室を見ても、美容外科に対する偏見が薄まりつつあると実感しました。開業後しばらくは、複雑な事情を抱える芸能人やホステス、オカマさんたちが後ろめたい雰囲気を漂わせていたものです。しかし、やがて「もっと美しくなりたい」と願う一般の女性も来るようになり、待合室の雰囲気も劇的に明るいものに変わりました。

高須クリニックでは、施術の効果をわかりやすく伝えるために、患者に術前術後の顔を公開することをお願いしていました。以前は公表を承諾してくれる患者は皆無でしたが、「美しくなった喜びを一人でも多くの女性に伝えたい」として、僕の著書などに登場することを承諾してくださる方が出てきました。

象徴的だったのが、著書を発売する際、自ら開発したメスを使わない「クイック式二重術」のモデルを募集したときです。若いＯＬや学生の応募者が数多くきましたが、念のために「書籍にあなたの顔が掲載されますが、大丈夫ですか」と聞くと、「えぇ。私、有名人になっちゃうのかな」なんて冗談を言う女性がいました。

技術の進歩とともに

クイック式二重術をはじめ、美容外科が一般的に受け入れられるようになった最大の要因は、言うまでもなく技術の進歩です。もともと美容外科はアメリカやフランスなどで発達したものですが、僕たちは日本人の特性をいかんなく発揮し、その技術や機器を大きく改善しました。海外の学会に参加しても、彼らは「日本人が自分たちの市場に参入してくるのではないか」という不安を感じているように見えました。

美容外科の発展には最先端の医療機器や薬品の開発も大きく寄与しました。切っても血の出ないレーザーメス、画期的な止血剤や組織接着剤、抗生物質など挙げればきりがありません。

手術時間も大幅に短縮されました。その理由のひとつは、麻酔にあります。目薬のように差すだけで麻酔がかかる点眼麻酔剤。まぶたの表面に塗るだけのクリーム。痛くない局所麻酔も開発されました。全身麻酔にしても、短時間で目をさまさせることが可能になりました。

さらに、良質な医療材料も開発されました。昔の医療材料といえば、ワセリンやパラフィン、アラビアゴム、ガラス玉、象牙などでした。これらの材料は体に入れると、なんらかの異常を引き起こす確率がかなりありました。それゆえ、たとえ腕のいい医者であっても、材料によるトラブルは防ぎようがないという現実がありました。しかし、良質な医療材料が開発されたことで、トラブルも減ったのでした。

商売敵がいなければ市場を独占

美容整形といって思いつくのは目鼻立ちでしょうか。しかし極端な話、目鼻立ちはどこでもやれます。そこで、エラを削ったり、ほほ骨を削ったり、高須クリニックは人がやらない手術も積極的に行いました。むしろ、高須クリニックはこれがいまも昔も売りです。言ってみれば、うちは美容医療の総合病院です。

たとえば、鼻にしても、低い鼻を高くするのはどこのクリニックでも治療を受けられましたが、大きな鼻を小さくするのは高須クリニックしかやっていませんでした。欧米では、ユダヤ鼻に象徴されるように大きな鼻を小さくするほうが一般的でしたが、日本は鼻ペチャばかり。需要がないという理由で日本では誰もそれを学ぼうとしませんでした。しかし、少数とはいえ、日本にも大きな鼻を小さくしたいと望む人はいます。商売敵がいなければその市場は独占できます。隙間産業かもしれませんが、大産業に育つ可能性もゼロではありません。

目にしても、一般的な思いつきだと、一重を二重にするという発想です。しかし、二重にしすぎた目を治す医者はいません。残念ながら、世の中には未熟な美容外科医もいて、手術に失敗してしまうケースもあります。そこで、形成外科医でもある僕はその受け皿になりました。

豊胸も同様です。ロシア人や南米の人、アメリカ人などには巨乳ゆえに肩が凝って苦しんでいる人がいます。一方、日本人は基本的にペチャパイですが、大きな胸のために肩が凝ってつらい思いをしている人も少なからず存在します。だから僕は胸を小さくする手術も行いました。

もし日本海に浮かぶ佐渡島で美容外科を始めたら、その時点で佐渡島一です。しかも、包茎の成功例が示すように、誰もやってないことは将来的にビッグビジネスに成長する可能性を秘めているのです。

シリコンパニックで一人勝ち

僕の友人の一人に、アメリカの外科医ジェラルド・ジョンソン先生がいます。彼は臍《へそ》からパイプを差し込んで、そこから内視鏡を入れて、乳房の裏側にポケットをつくり、そこに小さく丸めたシリコンの袋を挿入し、パイプを通じてシリコンの袋に生理食塩水を注入する「内視鏡を用いた経臍式豊胸手術」を開発しました。

豊胸手術に限らず、あらゆる手術は患者の肉体にメスを入れ、傷跡をつけます。医者にとっては、いかに傷跡を小さくするかが腕の見せ所です。内視鏡を使う手術は傷跡を最小限におさえる方法でしたが、最小限であろうと傷は傷です。一方、臍は臍帯が脱落したあとにできた瘢痕《はんこん》。瘢痕は傷跡そのもの。傷跡につけた傷跡はないのも同然ですから臍から内視鏡を入れるというアイデアは画期的でした。

しかし当初、この豊胸手術はあまり広まりませんでした。ジョンソン先生の手術はシリコンの袋（生理食塩水入り豊胸プロテーゼ）を使わないと不可能です。彼の家族は生理食塩水入りプロテーゼの会社を経営しており、ジョンソン先生も多額の出資をしていましたが、生理食塩水入りプロテーゼはライバルのシリコンゼリー入りプロテーゼより手触りが不自然で人気がありませんでした。しかも、アメリカの美容外科の患者は意外と保守的であり、新しい手術方法はしばらく観察の対象になるのが常でした。

ところが、ジョンソン先生に奇跡が起こります。

一九九〇年代の初めのことです。世界最大の美容外科シリコンインプラントメーカーであるダウコーニング社をはじめアメリカ中のシリコン業者は大打撃を受けました。シリコン業界を壊滅寸前まで追い詰めたのは膠原病を患っていた中年女性でした。彼女はテレビの人気番組に出演し、シリコンゼリー入りのプロテーゼを使った豊胸手術を受けたら膠原病になったと訴えました。結論から言えば、これは虚偽でしたが、「私も豊胸手術で膠原病になった」「私は豊胸手術で乳癌になった」という患者が続々と名乗り出ました。これが有名なシリコンパニックです。

訴訟の嵐が全米に吹き荒れ、アメリカの食品医薬品局（ＦＤＡ）はシリコンゼリー入りのプロテーゼの生産と使用を禁止します。そして、訴訟に負け、莫大な賠償金の負担に耐え切れなかったダウコーニング社は瞬く間に倒産してしまいました。

一方、ＦＤＡは生理食塩水入りのプロテーゼの生産と使用は禁止しませんでした。その結果、豊胸市場はジョンソン先生の会社の独壇場となりました。そして、アメリカに続き日本でも同様のパニックが起こり、日本の厚生省は国内の医療メーカーでもつくっていたシリコンゼリー入りプロテーゼの生産許可を取り消しました。このとき、日本で勝ち組になったのは「逆張り」が信条の僕でした。

内視鏡と生理食塩水入りプロテーゼを使う新しい豊胸術に可能性を感じた僕はジョンソン先生との間で独占契約を結び、先生が勤務する病院でトレーニングを受け、アメリカから生理食塩水入りプロテーゼをデリバリーしていました。日本でこの豊胸手術が受けられるのは高須クリニックだけ。シリコンパニックの間は一人勝ちで、日本の豊胸市場をあらかた占領する勢いでした。

高須ブランドと言われることもありますが、実に単純です。人と違うことをやる。そして、頑固に料金を変えない。また、何もかも正直にやることも大切です。組織の崩壊は内部告発から始まることが多い。だから外にも内にもウソをつかない。こうした姿勢を崩さなければ、いつしかブランドに化けます。一方、それを崩すと、苦労して築いたブランドは一瞬で消えてしまいます。

生理食塩水入りプロテーゼを使う豊胸術は、シリコンパニックというピンチがチャンスになった形です。「逆張り」に加え、「ピンチがチャンス」も僕の人生で大切なキーワードです。この二つを繰り返せば、成功をつかむ可能性はグッと上がると思います。

美人の定義とは?

ところで、皆さんは美人の定義をご存じですか。美人の定義とはいったい何でしょうか。読者の皆さんにそれを問うと、「目が大きくてパッチリしている」「鼻が高くて鼻筋が通っている」「いや、小顔でしょう」なんて答えが返ってくるかもしれません。しかし、すべて間違えています。

美人というのは「バランスが整っている顔」を指します。目鼻立ちといいますが、それぞれの形の美しさだけではなく、顔全体の中でのバランスが何よりも重要なんです。たとえパーツが良くてもバランスが悪ければブスなのです。

逆に言えば、美人に見せるには、全部が大きいか、全部が小さいか、どちらでもいいから均一化し、バランスをとることが重要なんです。たとえば、目が大きく、同じように鼻や口も大きければ、バランスがとれているから美人に見えます。しかし、目が大きいのに、鼻が低く、おちょぼ口だとバランスがとれません。日本人形とフランス人形はそれぞれ良さがありますが、日本人形の顔に、フランス人形の鼻をつけても決して美人にはなりません。

ですから、たとえ二重まぶたにしてもバランスが悪いと、手術前に想像していたような劇的なイメージチェンジはできません。これはファッションセンスにも似ています。その昔、一点豪華主義が流行りました。一点豪華主義というのは、安っぽいサンダルをはいているのにルイ・ヴィトンのバッグを持つなど、不相応な、一点だけ豪華なものを身につけることです。

美容外科の世界も同じです。昔の患者は、単純に「目を二重にしたい」「鼻を高くしたい」「人並みな顔にしたい」という人たちでしたが、次第に、漠然と有名人にあこがれて、「○○のような目になりたい」「○○と同じ鼻にしてほしい」と望む人が増えていきました。

近年はその傾向がさらに強まっています。

古くは「天地真理の目にしてほしい」「田原俊彦の鼻にしてくれ」。ちょっと後になると、「浜崎あゆみの目にしてほしい」「ベッカムの鼻にしてくれ」。最近は「石原さとみのようなぽってり唇にしてほしい」「上戸彩のようなアヒル口にしてほしい」というリクエストが多い。しかし、何度も言いますが、一点豪華主義の美人は存在しません。手術を受けた本人は満足するかもしれませんが、周囲からは「美人になった」と評価されることはないでしょう。

「〇〇のようになりたい」は失敗のもと

「流行りの顔」を求める当人たちはそれを美しいと思い込んでいますが、そもそも流行というものは時代とともに変わってしまうものであり、美的感覚もまた時代によって変わってしまうものです。さらに言えば、美の基準は地域によっても違います。ひと昔前の流行美人といえば、八重歯とえくぼが定番で、えくぼをつくりたいという人もいたし、八重歯をつくりたいという人もいました。ところが、それをチャームポイントにしていた芸能人の顔を見ると、いまではそれがすっかり消えています。

男性にしても、開業当初は「進駐軍の兵隊みたいな顔にしてほしい」とリクエストする患者がいました。ものすごく広い窪んだ二重まぶた、額と段差のない高い鼻、前方に突き出した顎……まさにクヒオ大佐です。しかし、いまこんな顔をしたら、モアイ像とバカにされるのは間違いありません。

美の基準は常に変わります。昨日の美人は今日のブスです。実際、いつのまにか美的感覚は変わってしまい、その結果、あとでさらに治したなんて人が数多くいました。だから僕は美しさのブームをつくらないことを治療の基本方針にしています。

ホクロやシミ、シワを取って若々しくしたり、目や鼻の形を整えてコンプレックスをなくしたりしてあげるのが本来の美容外科医の仕事です。すごく鼻が大きい。際立って目が細い。それを治してほしいというのであれば、整えてあげたい。

しかし、誰かのようになりたいという考えは嫌いです。その時代の人気芸能人の顔を真似るのは、没個性の偏差値を上げるだけです。僕はこういう患者を診たくない。実際、冷たくして、診察室から追い返したこともあります。

大事なのはデザインするセンス

美容整形には、一部分だけの整形から全身整形までいろいろ段階があります。しかし、基本的には少しだけ修整することで、誰が見ても不自然さを感じさせない美をつくりだすのが理想です。また、それが美容外科医の腕の見せ所だと思います。

頻繁に「上手い美容外科医の条件を教えてください」と聞かれますが、手術が上手いかどうかは枝葉の問題であり、一番大事なのは美的センス。これが八割。あとは設備、使用する医療器具の選び方、そして科学者としての知識。これらを備えている人が優秀な美容外科医です。

たとえば、ご本人が公言されているので、例として挙げさせていただきますが、バイク事故で顔面に深い傷を負った千原ジュニアさんの手術を担当しました。厳密には美容外科手術ではなく、形成外科手術ですが、ご本人は「術前よりも顔全体の印象がやさしくなった」と感謝してくれています。これがセンスです。

美容外科医にとって、顔をつくりあげる、つまりデザインするセンスが何よりも重要です。テクニックも大事ですが、それが一番ではありません。テクニックは誰でも訓練すれば向上します。しかし、センスは努力だけではどうにもなりません。

一九九八年、東大病院に美容外科が開設されました。もともと日本の美容外科は市中の開業医が主導してきましたが、需要が増えたことに加え、大学側の厳しい財政事情もあり、大学病院が美容外科に本格参入するようになりました。かつて、国立大学病院は「美容外科なんて医者のやることではない」と我々を見下していましたが、背に腹は替えられず、美容外科治療を始めたわけです。また、私立大学の病院も同様の理由で美容外科に参入してきました。

読者の中には「大学病院の医者のほうが優秀だ」「大学病院なら安心」という先入観を持っている方がいるかもしれません。もちろん、大学病院には優秀な医者もいますが、必ずしも皆が優秀とは限りません。形成外科は美容外科手術の失敗を修復する技術を持っていますので、大学病院の形成外科には美容外科で失敗した患者がやってきます。しかし、失敗した医者を追跡すると、「犯人」は美容外科クリニックでアルバイトしていた大学病院の形成外科医だったというケースが実に多いのです。

形成外科医に限らず、大学病院の医者は民間のクリニックでアルバイトや研修をしますが、肝心の美的センスに欠けているケースが多々あります。大学病院の医者はそのままでは使い物になりません。彼らは患者から「○○をやってください」とリクエストされると、その通りにやるだけなのです。だから、ごく普通の見た目の女性から「美人にしてください」と言われると、「どうしたらいいんだろう……」と頭を抱えてしまう。

医者の使命

医療の問題点を指摘する言葉に、「臓器を診て病人を診ず」というものがありますが、それに似ています。どんな診療をするのであれ、本来、医者というのは患者をまるごと診なければいけないのです。

医者の使命は、患者の病気を治してあげることです。当然、患者に「胃の具合が悪いから胃の薬をくれ」と言われて、胃薬を出すような医者はヤブ医者です。「なぜ胃の具合が悪いのか、もしかしたら別の病気かもしれない」と原因を探り、「あなたは胃が悪いと言いますが、実は肝臓が悪いのです」とアドバイスできる人が本当の医者です。

美容外科でいえば、たとえば「鼻が低いのが嫌だ。治してほしい」という患者がいたとします。ここで患者に言われるがまま鼻の手術をする医者はヤブ医者です。患者が「鼻が低い」と言っても、実は鼻が低いのではなく、あごとおでこが過度に出ているので鼻が低く見えるだけかもしれない。本来治すべきはあごとおでこかもしれない。こうしたことをアドバイスしてこそ本物の美容外科医です。

また、優秀な美容外科医の条件として、患者と十分にコミュニケーションをとれているか否かが挙げられます。美容医療は基本的には患者に満足感を与えるビジネスですから、相手の心に寄り添って、十分なコミュニケーションをとるべきです。そもそも外見というのは心と強くつながっているものですから、心をケアしなければ相手の要望通りに手術をしても、納得してもらえないことが多いのです。

カウンセリングに時間をかければかけるほど、診られる患者の数は減るわけですから営業効率は悪くなります。しかも僕の場合、患者のリクエストが全体のバランスを崩すものであるならば、「その手術はしないほうがいい」と自ら売り上げが減るようなことも言ってしまいます。

しかし、世の中で最強の宣伝はクチコミです。患者さんが満足してそれを広めてくれればプラスになります。だから僕は素直に話します。

大切なのは面と向かって話すこと。当然、腕や学歴だけを自慢して患者を見ずにカルテばかり見ている医者は論外です。そもそも医者が偉そうにしていること自体、おかしいと思います。どんなに立派な肩書を持っていても、患者を不安にさせたり、質問に対してろくに答えなかったり、それどころか患者の目も見ないような医者は失格です。

芸能人の患者

読者の中には芸能人＝高須クリニックというイメージを持っている方がいるかもしれません。たしかに大晦日の紅白歌合戦を見ていたら、僕の「作品」が数多く出ていたなんてことがありましたし、ある有名人のパーティーに行ったら、ゲストのほとんどが僕の患者だったこともありました。

芸能人の患者が増えたきっかけはクチコミです。医者にとって守秘義務は当たり前のことですが、とりわけ僕は口がかたい。実際、僕のところから芸能人の整形に関するスキャンダルが漏れたことは一度もありません。だから芸能プロダクションのほうが売れっ子芸能人やその卵を僕のところに回してくるわけです。もっとも、僕は芸能事情に疎く、スタッフに聞かされてはじめて有名人だと気づくことがほとんどです。

週刊誌の記者をはじめ、芸能人について聞きたがる人が多くいます。「ＶＩＰである芸能人が多いと儲かりますね」なんて言われたこともありますが、高須クリニックにとって彼らからの収入は微々たるものです。芸能人がたくさん来るから儲かっているだろう。これは勘違いです。むしろ、逆です。

一流の芸能人が来たとしても、うちの治療費は定額制ですから、治療費を多くもらえるわけではありません。それどころか、他の患者さんの視線から守ってあげるなど気を遣うことが多くなる。正直に言うと、あまりメリットがないので歓迎ではありません。ただ、僕を信用して来ていただいているので、断りにくいだけなんです。つまり、意図して芸能人＝高須クリニックとなったわけではなく、結果としてそうなっただけなんです。

第五章　「強欲医師」の汚名と大借金——九〇年代②

「脂肪吸引」の大ヒット

美容外科というものは、若さと美しさを求める人たちのために存在していますが、顔面の若さと美しさの追求に飽きると、次はボディラインに興味が移行します。

個人的には肉感的なボディラインに美しさを感じますが、多くの人は下腹部やウエストの脂肪を削ぎ落としたようなスタイルを求めます。とりわけ九〇年代以降、その傾向が強まったと思います。

一流の美容外科医は一流のデザイナーと同じようなものです。時代の流れを読み、流行に敏感でなければ、お客さんである患者に見放されてしまいます。ですから、僕も自分の好みはさておき、美しいボディラインをつくる研究に励みました。

ダイエットをすれば、たしかに痩せることはできます。しかし多くの場合、お腹や二重あごなど痩せたい部分はあまり痩せず、お腹は出たままバストだけ縮むなど痩せたくない部分から痩せてしまいます。

出っ張ったお腹や、ゆるんだ二重あごを簡単に治したい。そうした解決困難な欲求を可能にしたのが、フランスの美容外科医ピエール・フルニエ先生によって開発された脂肪吸引手術です。太い金属管を脂肪層に挿入し、脂肪細胞を破砕して吸引ポンプで吸い出すという技術は、美容外科の歴史に残る大発明です。この革新的な技術のおかげで比較的簡単にスリムな体をつくりあげることが可能になりました。

高須クリニックの歴史を振り返ってみても、包茎手術、二重まぶたのあとに大流行したのは脂肪吸引でした。

まず脂肪吸引の歴史について説明します。皮膚を傷つけずに脂肪だけを吸引して美しいボディラインをつくることは、美容外科医の長年の夢でした。しかし、それまでの常識的なやり方は、除去したい脂肪を皮膚ごと切り取るという方法でした。形成外科的な発想、外科的な発想として、いかに縫い目を目立たなくさせるかという点にばかり関心が向いてしまい、脂肪だけを取り除こうと試みる医師は少なかったのです。

もちろん、皮膚を切断しないで脂肪除去を試みた医者もいましたが、患者が体の一部を失うなど、その結果は散々なもので、うさん臭い医者と白眼視されたのでした。

日本の美容外科の最大の欠点

そんな中、登場したのがフランスのフルニエ先生です。一九八〇年代のヨーロッパ、とりわけフランスのパリには著名な美容外科医が数多く開業しており、美容外科の最先端をいっていました。フルニエ先生もそのひとりでした。

僕は開業して間もないころからフルニエ先生を私淑しており、メスで切らずに好きな部位の脂肪が自由自在に取れると聞くや、「これは面白いぞ」と思い、即座にフランスのフルニエクリニックへ向かい、技術を習得しました。

僕は思い立ったら国内のみならず世界中どこへでもすぐ飛んでいきます。僕は常にアイデアを考えていますが、しばらく経つと「あぁ、ずいぶんバカなことを考えていたな」と思うことも少なからずあります。「高須先生はアイデアマンですね」と言われることがありますが、実はひらめきでやっているだけであり、良いアイデアを生むノウハウなんてものは持ちあわせていません。とにかく思い立ったら即行動に移し、失敗を重ねながらときに成功をつかんできただけです。

日本の美容外科の最大の欠点について説明します。それはイノベーションがないことです。逆に言えば、栄枯盛衰の美容外科界にあってなぜ高須クリニックが生き残れたのか。それは常にイノベーションしてきたからに尽きます。

僕が開業したてのころ、日本の美容外科医はそれまでやってきたことだけを延々と続けていました。たとえば隆鼻術にしても、シリコンに素材は替わっても技術自体は象牙でやっていたころとまったく同じでした。また包茎手術のやり方にしても、顔のたるみを取る方法にしても、どれも昔から同じなんです。

一方、海外では次々と美容外科の技術や施術に使う機器が開発されていました。海外で開催される学会に出て行くと、必ず新しいネタがありました。日本人は外に出て行かない特性がありますが、とにかく僕は世界中の学会に足を運んで、「これは」という技術を取り入れてきました。脂肪吸引もそうした学会巡りの旅で発見したひとつです。

脂肪大国アメリカで大産業に

フランスのフルニエクリニックで先生から直接指導を受け、脂肪吸引術をマスターした僕は、帰国後、日本中の美容外科医を高須クリニックに招き、その技術を披露しました。ところが、このときの発表に対する評価は極めて低いものでした。古典的な皮膚脂肪切除術の信奉者だった、古い体質の日本の美容外科医たちはこぞって脂肪吸引について懐疑的でした。「脂肪吸引をしても脂肪細胞はすぐに再生してしまう。これはインチキな手術だ」などとずいぶんケチをつけられました。批判されたのは僕だけではありません。フランスの医学界ではフルニエ先生も同じように、ひどいバッシングを受けました。

ただし、脂肪吸引の技術が革新的であることは明らかでした。本物の技術はいつか必ず評価されるものです。実際、フランスの雑誌が脂肪吸引の特集を組んだことをきっかけに注目が集まり、脂肪大国のアメリカにわたり大産業に育ちました。

同業者からはあやしいものとされた脂肪吸引ですが、肝心の患者から大歓迎されました。ダイエットをしなくてもウエストが細くなるし、脚も細くなる。一般人にとって、これほどありがたい施術方法はありません。そこで、何とかしてこの技術を広く知ってほしいという思いで批判にもめげずPR活動に努めました。その結果、次第に知名度が増していき、目論見通り、患者さんが殺到しました。

当然、ほかの美容外科クリニックも導入しようとしていましたが、脂肪吸引の機械はフランスでしか製造しておらず、日本では僕しか買えないことになっていました。そのため、最初の四年間は市場を独占して大変な利益を生みました。

吸引した脂肪からコラーゲンをつくる

フルニエ先生が生み出した脂肪吸引技術を発展させ、先生とのタッグで新たなシワ取り治療法も開発しました。かつてシワ取りにもっとも有効なのはコラーゲン注入でした。人間の皮膚の構造を電子顕微鏡的に見てみると、コラーゲンというたんぱく質がよじれているのがわかります。言ってみれば、東京タワーの構造みたいに金属が組み合わさってブリッジを形づくり、皮膚にハリを持たせているのです。ところが、年を取るとこのブリッジが崩れて、陥没してくぼみ、皮膚はシワシワになってしまうのです。ですからコラーゲンを補強すれば、このブリッジはハリをもたせる力を取り戻し、皮膚のシワも消えるというわけです。

しかし、それまで一般的に使われていたコラーゲンは、牛からつくられた動物性コラーゲンで、人によってはアレルギー反応を起こす可能性もありました。加えて、販売されているコラーゲンは高額でした。

幸福医療といわれる美容外科にとって一番大事なのは外見を美しくすることではなく、患者の心に満足感を与えることです。その意味では、安全性だけではなくコストも追求する必要がありました。それらを解決した画期的な治療法が、オートコラーゲン法です。

コラーゲンをたくさん含む当人の脂肪細胞からコラーゲンをつくったらどうだろう。こう考えたのはフルニエ先生でした。吸引した脂肪細胞は医療廃棄物ですが、大量のコラーゲンを含んだ資源でもあります。そこで、僕は吸引した脂肪細胞からコラーゲンを分離する装置の開発に着手。超音波ホモジナイザーで脂肪細胞を粉々に砕き、それを遠心分離器にかけてみたところ、コラーゲンを抽出することに成功しました。

こうして抽出したコラーゲンを皮膚の衰えが目立つ部分に注入します。もともと自分の体から取り出したコラーゲンですから、異種たんぱく質による拒絶反応がないのは当然のことです。また、吸収・排出されることもなく、長期間にわたって肌の弾力とハリを保ってくれます。この治療は注射器を使ってコラーゲンを入れるだけなので、時間が短く傷跡も残りません。安全であると同時に、皮膚が本来持っているハリと弾力をいかした、自然な若返り方法といえました。

オートコラーゲンバンク

アイデアはこれで終わりではありません。残念ながら、オートコラーゲン治療を行った場合でも、永遠に肌の弾力を保つことはできません。注入されたコラーゲンは、牛のコラーゲンより長期間かつ安全に肌のハリをキープしてくれますが、どんな良質の素材でも使っていれば衰えてきます。

そこで、若いときに脂肪吸引をして、そこからコラーゲンを取り出し、のちのち使えるように、半永久的に保存しておけないだろうかと考えました。その発想から生まれたのが、オートコラーゲンバンクです。言ってみれば、血液バンクに自分の血液を保存し、輸血が必要になったとき、必要な分を取り出して使用するのとほぼ同じ考え方です。

たとえば、ある女性が二〇代のときにお腹の脂肪吸引を行ったとします。当然、この脂肪細胞に含まれているコラーゲンは、若く、肌に弾力をもたせる力があります。この脂肪細胞を捨てずに冷凍保存し、五〇代あるいは六〇代になって皮膚のコラーゲンが不足したとき、脂肪細胞からコラーゲンを分離抽出して皮膚に戻してやれば、若々しいハリが戻ってくるという仕組みです。

医療技術は独占すべきではないという考えから、理論・技術・システムについては世界中に公開しましたが、オートコラーゲン採取装置は僕個人の発明であり、一九九三年にアメリカで特許を取得。その装置を用いて安全なコラーゲンを提供する会社を立ち上げました。そして、日本では一九九四年に特許を取得しました。

それまでの僕は自分の発明を学会で発表したりメディアで公表したりしていました。そうして一時的な称賛の声をもらって得意になっていたわけですが、あっさり僕の功績は忘れられ、それどころか手柄を横取りされてしまうこともありました。

脂肪吸引にしても、僕はおろか、フルニエ先生の業績ですら無断で論文に引用されるほどでした。一方で、はじめは非難していた多くの同業者たちが、なぜかいつの間にかその道の大家として偉そうに脂肪吸引について解説していた。そこで、自分の名誉を守るため、新しい技術を開発したときは発表前に特許を取ることにしました。

実は、包茎手術、二重まぶた、脂肪吸引に続き、莫大な利益を生み出す予定だったのが、脂肪吸引手術から派生したビジネス「オートコラーゲンバンク」でした。入会金は三〇〇万円。ゴルフ会員権と同じシステムです。まずは一〇年保証。その後延長するかどうか決めます。将来的に売買もできるようにしようと考えていました。

太りすぎが治るうえ、永遠の若さが保証される。しかも、ちょうどその時代、狂牛病が問題になり、牛コラーゲンが使用不可となり、コラーゲンのマーケットがなくなった。一方で、シワ取りのマーケットはありますから、僕もフルニエ先生も「これは世界制覇できるぞ」と意気揚々でした。

当時すでにアメリカには脂肪吸引専門のクリニックがいくつもありました。毎年、何百万人もの人が脂肪吸引手術をやっていて、大量の脂肪が出ていました。その人たちは必ず中高年になります。そこで、将来のために脂肪細胞をコラーゲンバンクに保存し、ついては保管費として一万ドル程度の供託金を払ってもらうという計画でした。各クリニックには高須クリニックが技術を提供し、チェーン化して「上納金」をもらう。いわば、ケンタッキーフライドチキン方式です。

このビジネスは世界展開できると思いました。実際、特許を取った時点で、アメリカのファンドから「アメリカ全土にオートコラーゲンバンクをつくろう」という提案がありました。脂肪吸引の本場であるアメリカで成功したら、日本に逆上陸させようという思いもありました。

僕はいろいろな技術を発明してきたと自負していますが、僕にとって一番大きな発明はオートコラーゲンバンクです。ところが、いざこれからというタイミングで思わぬ横やりが入り、アメリカ制覇は幻となってしまいました。

文春砲を受ける

いまの僕しか知らない方は、僕が順風満帆に生きてきたと思われるかもしれません。医者の家に生まれ、立ち上げた美容外科クリニックは成功。テレビやCMではやりたい放題。おまけに家族や知人にも恵まれている。

こう書いてみると、順風満帆そのものといえます。しかし、必ずしも楽しいことばかりではありませんでした。僕は美容外科医の先駆者になったことで各方面からさまざまなバッシングも受けましたが、週刊誌の記事をきっかけにマルサ（国税局査察部）に踏み込まれ、その争いに最愛の母を巻き込んでしまったことがあります。

これから語るそんな経験は、いま思い出しても、本当に苦いものでした。

脂肪吸引にジョンソン式豊胸手術とヒットが重なり、業績は右肩上がり。しかも、テレビでは医者らしからぬ言動で目立ちまくっていた。そんなイケイケの状況を面白くない思いで見ていた人たちもいました。むしろ、格好の餌食だったでしょう。

あるとき突然、広告スポンサーをしていた『週刊文春』から「来月から広告を入れることができません」と連絡がありました。「これは何かやってくるな」と思いましたが、嫌な予感は的中です。電車の中で何気なく見た『週刊文春』の中吊り広告に目が点になりました。驚くことに、鄧小平などと並んで僕の写真が出ていました。よく見ると、見出しには『ドクター高須の「医は算術」』と大きく印刷されていました。

その記事は悪意を持って書かれたバッシング記事でした。今でいう、「文春砲」です。僕は儲けることが好きなわけではなく、面白いのでビジネスを拡大していただけなのですが、その記事では単なる金儲け好きな医者として僕が描かれていました。結局のところ、美容整形なんぞで儲けた成金と判断されたというわけです。攻めていく医者は悪い医者。日本では出る杭は打たれるという現実を、身をもって知りました。

『週刊文春』は三週にわたって、『ドクター高須の「医は算術」』特集を組み、あることないこと書き立てました。その特集号は売れたそうです。売り上げに気をよくしたのか、『文藝春秋』でも同様の特集が組まれました。

マルサに踏み込まれて

もっとも、週刊誌にバッシングされたところで痛くもかゆくもありません。

本当の不幸はこの後でした。この記事が国税局査察部の関心を呼んでしまったのです。一九九〇年、僕の納税地である名古屋のマルサが大挙して押し寄せました。利益はうなぎのぼりで、居住地である一色町では常に納税額ナンバーワン。当然、住民税もナンバーワンで、それもあってか町長さんが紺綬褒章を届けてくれたこともあります。マルサの皆さんがおいでになったのは、その数日後のこと。「また何かいただけるんですか」という質問に、「国税はいただくだけなんですよ」と答えた査察官はなかなかユーモアがありました。

査察官は僕が所得税法違反をしていると言うのですが、寝耳に水の話でした。「脱税というのは納税申告書にウソを書いて申告することによって成立します。この納税申告書のサインはあなたのものですね」とサインを見せられましたが、僕にはまったく見覚えのない字でした。それは母の字でした。僕は美容外科の専門家であって、お金のことには興味がなかった。それを理解している母は、「あなたはお金を貯めることができない人だから私が管理してあげましょう」と言ってくれていたので、任せっきりにしていたのです。母は僕の稼ぎの一部を投資に回してくれていましたが、バブルの時代だったため、僕の知らないうちに大きく膨らんでいました。

しかし、僕はそんなことをまったく知らないわけですから、罪になるのはおかしいと反論しました。「僕は何も知らないし、年老いた母が申告を間違えただけでしょう。誰にも罪はないんじゃないですか」と詰め寄りましたが、国税の方は、「これだけ大きな額が表に出て、誰も悪い人がいなかったというわけにはいきません」ときっぱり言い返してきました。

結局、脱税の罪で在宅起訴されました。脱税は納税申告書にウソを書いたという罪ですが、僕は両罰規定といって会計責任者をチェックしていなかった。おまけに納税申告書を確認もせず、サインすらしなかったという罪でした。納得のいく理由であれば仕方がありませんが、こんなことで脱税の汚名を着せられるのはまっぴらごめんでした。そこで、僕は最高裁まで戦い続けました。

約一〇〇億円の借金を抱える

悪いことは続きます。さらに、脱税の裁判で戦っている間に、バブル崩壊の憂き目にも遭いました。バブルの頃はずいぶん投資しました。お金があるからではありません。お金があろうとなかろうと銀行がいくらでもお金を貸す時代だったのです。

母にお金の管理を任せていたことが間違いだったと気づいて以来、僕は自分で管理するようになり、また自身で投資も始めていました。お金を稼ぐこと自体に興味があるわけではありませんが、いま思い出しても、あの時代は本当に面白かった。土地を買うと、銀行はそれを上回るお金を貸してくれました。それでまた土地を買うとまた値上がり。僕は有り余る資金を日本やハワイの不動産に投資。言ってみれば、典型的なバブル投資です。当時、僕は「美容整形界の千昌夫」と呼ばれていました。

しかし、やがてバブルは崩壊。これにより、九〇年代後半には約一〇〇億円もの借金を背負ってしまいました。当時の知り合いだったバブル紳士の多くが行方知れずになりましたが、僕の場合、仕事が順調なことが救いでした。そもそも医者というのは職人であり肉体労働者。それこそ朝から晩まで働き続けることで何とかもちこたえることができました。

どうにかピンチを乗り切りましたが、災難はこれだけでは終わりませんでした。国税との戦いは長期間に及び、七年かけて最高裁まで争いました。九七年七月、最高裁は二審の有罪判決を支持。僕と母の上告は棄却され、僕には二億円の罰金刑、母には懲役一年八ヵ月の実刑が確定しました。

この騒動のとき、母は「全部私がやりました」「息子は何も知りません」と言い切りました。当時、お金の管理は母に任せていたので、実際その通りではありますが、一切弁明をしませんでした。あのときのことを思うと、本当に感謝しかありません。

突然の裏切り

罰金刑以上の刑を受けた医者は、医業停止という行政処分を受けることになっています。僕も一年間の医業停止を受けました。つまり、一年間は医者の仕事ができないということです。

このとき、誰もが「高須は終わった」と思い、蜘蛛の子を散らすように去っていきました。僕には手塩にかけて育てた弟子たちがいました。僕はクリニックで働くドクターそれぞれに、ひとつの技術をしっかり教えて、その施術のスペシャリストになるように育てています。たとえば、「君は脂肪吸引の名人を目指しなさい」「君は二重まぶたの名人になれるぞ」「君はおっぱいだけの名人です」など各ジャンルの名人を育てます。なお、ライバルに育ってしまうと困るので、全部は教えません。

一〇年も働いてくれたら技術もしっかり身につきますから、独立を望むのであればグループのファミリーとして支援します。成功した高須クリニックOBは数多くいますが、彼らは皆、そうして育ててきた人材です。

僕は弟子たちに頑張ってもらい、医業停止という難局を乗り切ろうとしたのですが、想定外の事態が起きました。なんと、主力だった四人の医者や看護師、事務スタッフをごっそり引き連れ、ライバルクリニックを開業したのです。聞けば、スポンサーもいるとのことでした。

いま思い出しても、あの離脱劇は痛かったし、許せませんでした。僕は何よりも義理と人情を大切にしています。ですから裏切りに対しては対抗措置をとったこともあります。結局、彼ら離脱組は内部崩壊してしまいました。僕は残ったスタッフと医師たちの努力で難局を乗り越えました。

自分自身を実験台にする

いま振り返っても、この時期は波乱続きでした。強欲医師の汚名を着せられ、弟子には逃げられ、大借金のうえに医業停止で働くことすらできない。絶望して死にたいと思っても仕方がない状況です。しかし、僕のモットーは「ピンチはチャンス」です。

先に述べましたが、高須家には「生きているうちに起きたことは必ず生きているうちに解決できる」という家訓があります。であれば、何があっても、ポジティブにいるべき。むしろ、思い悩む必要なんてありません。人間というのは思い悩むと思考が停止して、いいアイデアが浮かびません。だから思い悩むことなんてないのです。人生というものは気をつけていても転ぶときは転びます。そんなときでも「そのうち解決するさ」と割り切って、くよくよせずにいるほうが人生は楽しいし、問題も早く解決します。

そこで、一年間の医業停止は、普段仕事に忙しい自分に対するプレゼントと受け止めました。その間、世界各地を回り、海外の優秀な美容整形外科医を訪ねて先端の手術を学びました。そして、時間があるこの機会に自分自身を実験台に大きな整形手術も行いました。

医者の中には、患者で実験しながら腕を上げていくという人がいますが、僕は反対です。プロであれば完璧な技術を習得してから患者さんの手術をするべき。新しい技術の安全性、確実性を見極めるには自分自身が体験するのが一番だと考えます。そのために、自分で開発した技術も、外国で学んだ施術も、まずは自分の身体で試すことをモットーにしています。

もちろん自分では執刀、施術はできません。そこで妻や弟子や息子などに実行させました。ただ受け身でいるわけではなく、できる限り部分麻酔にして、自分自身で指示を出しながら行ってきました。

三〇〇種類以上試した

一九九八年、自身の「若返りプロジェクト」を開始しました。自らモルモットとなり、ハードケミカルピールや新型植毛、金の糸美容外科手術といった一〇種類以上の施術を受けることによって、当時最先端の技術を日本に紹介し、その効果を自分自身の体で証明しました。その結果、実年齢よりはるかに若い容貌になりました。コワモテ風のルックスだった僕が劇的にキュートになったのがこの時期です。もちろん、宣伝効果は抜群。バブルの借金も返済することができました。

医業停止が解かれてからも若返りプロジェクトを続けました。その結果、アスリートのような肉体も手に入れました。二〇〇四年にコロンビアで「ミケランジェロ」と呼ばれる新たな技術が開発されました。脂肪吸引は不必要な部分の脂肪を吸引除去するのが目的です。一方、新たに開発された技術はミケランジェロが大理石の塊からダビデ像を彫ったように脂肪を「彫刻」して体の凹凸をつくっていくことを目的としていました。これは単なる肥満治療ではなく、デザインアートといえるかもしれません。

僕は技術を開発した医者をコロンビアから呼び寄せ、その指導の下、ミケランジェロの手術をアジア人で初めて受けました。おかげでトレーニングなど一切せずにアスリートさながら腹筋が六つに割れた肉体を手に入れました。もちろん、筋肉がつくわけではありません。どれだけ若く見えても中身はただの老人です。

振り返れば、開業以来数々の施術を自分の体で試しました。豊胸以外はひと通りやったと思います。その数三〇〇種類以上。一般人も参加できることしか認めないというレギュレーションがあるため断念しましたが、ギネスに申請しようと思ったこともあります。

自分を支えるパートナーの存在

高須クリニックにとっても脱税事件は大きな転換期になりました。また脱税で捕まってはたまりません。そこで国税をスカウトしました。もとより彼らに恨みはありません。当然の仕事をしただけ。そこで、彼らが定年になったあと、高須クリニックの顧問として働いてもらうことにしました。

さらに、縮小路線へ転換しました。当時、僕の真似をしてチェーン化を進めるクリニックが数多くありました。そのひとつがカナクリの愛称で知られた神奈川クリニック。院長の山子大助君は「師として仰ぎます。いろいろ教えてください」と言うので、仲良くしていました。彼はオペはできませんが、経営の名人でした。一時は五〇店舗近く安売りチェーンを展開していましたが、大倒産をしてしまい、その後、亡くなりました。

この神奈川クリニックの真似をしたのが、十仁病院出身の綿引一君が始めた品川美容外科です。彼は神奈川クリニックの失敗を教訓にしてクリニックを大きくしました。テレビＣＭを盛んにしている湘南美容クリニックは、品川美容外科で働いていた相川佳之君が古巣に反旗を翻して始めたクリニックです。いわば、湘南美容外科と品川美容外科は双子みたいなもので、熾烈なバトルを繰り広げています。

一方、「逆張り」主義の僕は、クリニックを縮小して筋肉体質にするように舵を切りました。全国ネットのテレビCMは無駄になりますが、東名阪や横浜など大都市をカバーしているほうが効率がいいだろうと考えたのです。そもそも統治というのは広げすぎると厄介なんです。

縮小化は妻シヅのアドバイスもありました。シヅ先生との出会いは一八歳のとき。昭和医大に入学して隣の席になって以来、六五歳で亡くなるまでずっと一緒でした。僕が医者になれたのは彼女の恩恵が半分くらいあります。僕は授業をサボりがちで、彼女はいつも出欠の返事を代わりにしてくれました。階段教室の上のほうの席で寝そべって手をあげると、下から見上げる教授にはバレなかったのです。彼女は優等生でしたからいつもノートを借りていました。そのノートがあったからこそ、学業のほうでも優秀な成績を残せたようなものです。

大学卒業と同時に結婚。大学院に入ったころには長男が生まれて、彼女は育児をしながら学校に通っていました。開業してからも高須クリニックを二人三脚で営んでいきました。僕はおおざっぱなので数字に強いシヅ先生がいなかったら一〇〇億円の借金も返しきれなかったと思います。シヅ先生は僕の足りないというか、意識してなかった部分を補ってくれました。

面白いことを好き勝手にやっている僕は、クリニック関係者にアドバルーンと呼ばれています。紐が切れたらどこに行くかわからないからアドバルーンです。もちろん、アドバルーンにはロープの存在が重要です。成功したいとして僕の真似だけをしていると痛い目に遭ってしまいます。成功を目指すなら、自分に足りない部分を補ってくれるパートナーの存在は欠かせません。

第六章　歴史的分岐点としての「プチ整形」――二〇〇〇年代

若さこそ大事

美容外科治療には二つの柱があります。

ひとつは「美貌」、もうひとつは「若さ」です。美貌と若さ、どちらが大切か。これは究極の選択かもしれません。ただし、僕は「若さのほうが大事です」と断言します。美しいと感じるかはその人の好みや流行によって違ってきます。しかも、美貌というものはとても儚い。一方、若さは基準がひとつだけ。それもあってか、二〇〇〇年代に入ってからは、若さを求める治療に興味を持つ人が一気に増えてきました。

その代表的な治療法が、ヒアルロン酸注入によるシワの治療です。湯上がり美人とはよくいったもので、お風呂からあがった直後の女性は、誰でも若く見えます。誰もが肌のみずみずしさを取り戻し、普段は気になるシワも目立たなくなります。ただし、このみずみずしさが長く続く人と、すぐに戻ってしまう人がいます。

肌のみずみずしさは、皮膚の中に含まれているヒアルロン酸によって保たれています。これが、皮膚に含まれている水分を逃さず、内部にとどめておく働きをするのです。

若いうちは、皮膚内にたっぷり存在するヒアルロン酸のおかげで、多少疲れてもみずみずしい肌でいられます。ところが、年を重ねるにつれてヒアルロン酸が減少すると、肌の内部の水分が失われやすくなって、しなびてきます。

肌のハリを取り戻すために、それまで一般的に使われていたのはコラーゲン注射です。これは牛の皮からつくられた動物性コラーゲンで、人によってはアレルギー反応を起こす可能性もありました。しかも、当時、狂牛病が流行したことも影響して、患者のみならず、医師の間でも動物からつくられる医薬品を心理的に拒否する傾向がありました。

そこで登場したのが、スウェーデンの製薬会社「Q－Med」の創業者によって開発された非動物性ヒアルロン酸です。この注射用ヒアルロン酸は非動物性で、皮下注射することでもともと体内にあったヒアルロン酸とまじりあい、しなびた組織にハリをもたせます。生まれつき体内に存在するヒアルロン酸と組成が同じものですから、アレルギー反応も起こしません。しかも、治療は数分で終わり、その場で効果を確認することができます。

シワをなくすボトックス

この非動物性ヒアルロン酸は、ヨーロッパの美容外科医の間では高い評価を受けていましたが、僕が一九九八年に紹介するまでは、日本では誰も使ったことのない注射でした。バイオテクノロジーで生み出された未知の薬品なので、本当に副作用なしで使えるかどうか、怖くて誰も手を出せなかったのです。

シワを取るのに有効なボトックスも同様です。ボトックスは、筋肉の動きを選択的に休止させる注射です。笑いジワ、怒りジワなどによって、老けた顔の原因になる顔面筋の動きだけを、数ヵ月間、止めることができます。注射された顔面筋以外は普通に動きますから、熟練した美容外科医が注射すれば、無表情になったり、不自然な能面になることはありません。

ボトックス注射の効果は数ヵ月で消えていきますが、何度も注射を繰り返すことで、シワをつくっていた顔面筋の部分が、廃用性萎縮（使わないことで起こる筋力の衰え）を起こして、シワがなくなります。ただし、原材料がボツリヌス菌の毒素だという理由で、日本では普及していませんでした。

ヒアルロン酸注入、ボトックス注射による若返り（シワ取り）治療は、いまも当たり前に行われていますが、日本人患者第一号は僕であり、日本に導入したのも僕なんです。

ワークショップでのグランプリ

一九九八年四月、僕がロンドンで開かれたヨーロッパ美容外科学会に出席していたときのことです。この学会に参加した目的は、僕とフルニエ先生で発明したオートコラーゲンを使った若返り治療に関する招待講演を行うためでした。講演前日にホテルに到着した僕は、荷物をほどく暇もなく、学会長のアンソニー・エリアン博士と打ち合わせする予定になっていました。ところが、僕の顔を見た博士は開口一番こう言いました。

「ドクタータカス、とても疲れているようですね。大丈夫ですか？」

鏡で自分の顔を確認して驚きました。飛行機の乗り継ぎによる疲労と睡眠不足のため、顔がひどくやつれて見えたのです。顔にはくっきりとシワが刻み込まれていました。渡英の目的は若返り治療の講演ですから、シワシワの老け顔ではバツが悪い。困った僕を見た博士は、ウインクしながらこう言いました。

「あなたは非常に幸運です。午後から行われるワークショップに出席しなさい。あなたが悩んでいることは、その場で解決するはずです」

ワークショップは、各国の美容外科医が自慢の腕を披露する、有料の医療技術講習会のことです。このときの参加医師は二〇〇人くらい。会場に行ってみると、博士の厚意で、最前列の席がリザーブされていました。

ワークショップのステージにあたる場所では、何人かのモニターの患者さんが手術台の上に呼び出され、ヒアルロン酸、ボトックスによる若返り治療を受けています。ここでエリアン博士の意図が読み取れました。つまり、僕に「注射を使った若返り治療の実験台になれ」と言っているのです。

会場には、このヒアルロン酸注射を発明したオギュラップも同席していました。彼は、東洋人に対して初めて行われるヒアルロン酸注入とボトックス注射の効果に興味津々で、見るからにワクワクしていました。

実験では、眉間と口の両脇に〇・七ccのヒアルロン酸を三本注入、頬と眉間のシワを消すのに有効なボトックス注射も五〇単位してくれました。結果は一目瞭然。シワは目立たなくなり、おかげでくたびれた顔を見せることなく翌日の講演を終えました。僕の招待講演は、三〇〇人ほどの聴衆を予定していたのですが、当日は超満員。それもこれも、僕が実験台になったことを知っている人が、その効果を確かめに来たのでした。

その日の夜、学会主催のパーティーが行われましたが、講演の成功とワークショップでの勇気が称えられ、僕はグランプリを授与されました。ヒアルロン酸注入とボトックス注射による若返り治療が欧米人だけではなく、東洋人にも有効だというひとつのデータを得られたわけです。オギュラップにとっても、大きな収穫だったことは言うまでもありません。ホテルに帰ると、部屋には彼からのクリスタルのトロフィーと、東洋人として初の実験にトライした勇気を称賛する感謝状が届けられていました。

その後、僕自身が体験した効果と安全性を日本美容外科学会で発表。これにより、ヒアルロン酸注入とボトックス注射による若返り治療は一気に日本中に広まりました。

ヒアルロン酸の無限の可能性

ヒアルロン酸には無限の可能性があると思いました。オギュラップはヒアルロン酸の商業展開を考えており、「コラーゲンに代わるシワ伸ばし用の充塡剤として普及させたい」と相談されました。このとき、ヒアルロン酸による美容整形というアイデアがピーンと浮かびました。ヒアルロン酸にしてもコラーゲンにしても基本的にはシワ取りであり、美容皮膚科医でもできます。むしろ、この簡単な治療は彼らの専門です。

しかし、僕は美容外科医ですから、「ボリュームが増えるのであれば日本人の低い鼻に打ってもいいのではないか」と伝えました。シワを伸ばすためにヒアルロン酸を開発した彼は「そんな発想はなかった」と驚いていました。

骨の発達が悪いのが鼻ペチャです。骨膜という骨を包んでいる膜があり、そこにヒアルロン酸を打つと骨膜の部分が膨んで鼻の骨が成長したみたいに見えます。自分の鼻にヒアルロン酸を打ってみると、当時主流だったシリコンプロテーゼよりも安全性が高いことがわかり、ヒアルロン酸注入による美容整形を導入することを決めました。

二〇〇二年、マイアミ近郊で開かれたアメリカ美容外科学会でのことです。「ヒアルロン酸の注射テクニック」をテーマとするパネルディスカッションがあったとき、僕はこう質問して爆笑を誘いました。

「深いシワを注射で浅くできるのであれば、日本人の低い鼻にヒアルロン酸を注入すれば高い鼻にできるじゃないか。アジア人の鼻に打ったら大きいマーケットになるんじゃないか?」

この発言に会場は爆笑の渦に包まれました。そこで、僕は自分のアイデアを自分の鼻で実験することにしました。僕は自分のアイデアが自分の身体で具現化するのを見るのが何よりも楽しいのです。

注入材料は一九九八年、ロンドンの公開ワークショップでシワ取り目的で顔に注射したものと同じ物質ですから恐怖感もありません。昼休みに僕の低い鼻を使って挑戦してみました。すると、一瞬にしてアメリカ人に負けない高い鼻に変身しました。「鼻にヒアルロン酸を射ってきたぞ」と言うと、「これはすごい」と大騒ぎでした。

プチ整形の始まり

マイアミ近郊の学会において、鼻へのヒアルロン酸注入は「すごくいいアイデアだ」と評価されました。ただし、欧米人にはまったく需要がない。そこで、日本に戻ってからヒアルロン酸注入で鼻を高くする治療を始めたのです。

それが、プチ整形の始まりでした。

もちろん、いまでもシリコンプロテーゼによる隆鼻術を行っています。しかし、治療を受けた当人は喜んでも、家族から「それは不自然。高すぎるよ」という不満の声が出ることがあります。そこで、「では、自然にしてあげましょう」と修整しても、今度は「全然代わり映えしないじゃない、これだと低すぎるんじゃないか」と納得してもらえない。何度も手術するわけにはいきませんし、医者としては厄介な面もあります。

一方、プチ整形は気楽です。「これでは高すぎる」という不満の声が出ても、しばらく待っていると徐々に低くなってきます。「これでは足らない」となれば、もう一本打ってあげると倍高くなる。また、ヒアルロン酸を溶かす薬も開発されています。ヒアルロニダーゼという分解酵素があり、これを鼻に注射すると三〇分以内にヒアルロン酸がすべて溶けて術前の鼻に戻ります。しかも、リスクもほとんどありません。

ヒアルロン酸はここ数十年の中でも飛び抜けて画期的な医療材料です。もちろん、開発された当初は問題点もありました。ヒアルロン酸は時間の経過とともに吸収されますが、ボリュームを出そうとすると、鼻が横に広がり、不自然さを出してしまうのです。ですから、プチ整形のコツは控え目に行うことなのですが、未熟な医者が行うと、太い鼻ができあがってしまいました。

そこで、崩れて広がってしまうという欠点は、ヒアルロン酸の硬度を上げて吸収しにくくすることで解決できるはずだと考え、医療メーカーと改善に努め、問題点を改良することに成功したんです。

かまぼこが大金に化けた

ヒアルロン酸注入による美容整形は鼻だけではありません。僕がまず考えたのは鼻ですが、同時に、豊胸にも使えるのではないかと考えました。むしろ、僕にとってはこちらが本命でした。そこで、豊胸用のヒアルロン酸をつくったのですが、残念ながらこちらはそれほどブレイクしませんでした。

豊胸の場合、ヒアルロン酸をたくさん打つ必要があるので、費用がものすごくかかるという問題がありました。プチ整形の利用者の多くは若い人たちですから、この方法には向いていませんでした。一方で、お金持ちの方は永久に持続するように手術を好みます。海外に目を向けても、需要はありません。結局、豊胸用のヒアルロン酸の生産は途中でやめてしまいました。

僕の行動基準は面白いか面白くないか。いい儲け話を持ち込まれても、面白くなければ乗りません。反対に、面白い話であれば、リスクを考えず簡単に乗ってしまうし、ときには痛い思いをすることもありました。ヒアルロン酸の場合、後者でした。

「Q－Med」は当時は小さな工場で、それこそ家内制手工業のような形でヒアルロン酸をつくっていました。しかし、僕は「将来的に大マーケットになる」という確信があり、世界的企業に育てるべく多額の出資をして、協力も惜しみませんでした。

ヒアルロン酸の材料のひとつはたんぱく質です。この材料の調達も僕が日本で行いました。材料となったのはあの、「かまぼこ」の素です。これを元にしてバイオ技術でヒアルロン酸をつくりました。かまぼこが大金に化けたわけです。

僕の読みは当たりました。気づけば、「Q－Med」は国際的な大企業になっていました。これで僕も億万長者かと思いましたが、オギュラップはしたたかでした。僕に内緒でこっそり大増資をして、いつのまにか僕の株式の持ち分は一〇分の一から何千分の一になっていました。そして、相談することもなく「Q－Med」をアメリカの企業に売却してしまった。

「Q－Med」の新たな経営陣から「あなたの株はこの値段で買い取ります」という連絡がありましたが、買ったときの値段と変わりませんでした。僕は怒って彼らと争いましたが、そのうちに円がドンドン上がってしまい、このままだとすべてなくなってしまう勢いでした。そこで結局、スウェーデンの通貨であるクローナの口座をクローズして、ある程度取り返しましたが、いま考えても大損害でした。ちなみに、僕を裏切ったオギュラップはハッピーリタイアメントで大富豪になって、どこかで暮らしているそうです。

「プチ整形」誕生秘話

さて、いまでは当たり前のように使われているプチ整形という名称ですが、その命名者は僕です。

そこに至るまでには紆余曲折がありました。ヒアルロン酸による美容整形を始めたとき、すぐにできることから、最初は「インスタント整形」と命名しました。ところが、患者はそれほど増えませんでした。次に「バーチャル整形」と命名しましたが、これもイマイチでした。その後、「立体メイク」という名前にしましたが、やっぱりダメ。いろいろと考えていて、『女性セブン』の取材を受けたときに、思いつきで「プチ整形です！」と言ってみたんです。

結果的に、これが功を奏しました。同誌の記事では、ヒアルロン酸注入をはじめ、メスを使わない若返り治療を「プチ整形」として特集していましたが、その反響は大きく、ヒアルロン酸注入やボトックス注射のみならず、従来からあったクイック式二重術などがプチ整形として一気に広がりました。

プチ整形という、手軽そうでかわいらしい言葉の響きが世の女性の心をつかんだのでしょう。結局、この言葉はあっという間に浸透し、流行語にもなりました。いまでも「商標登録しとくべきだったなぁ」と思うことがあります。

ネーミングの難しさ

ビジネスにおいて、ネーミングは本当に大事です。同じ技術でもネーミングのセンスひとつで化けることもあれば化けないこともあります。シミやシワ、たるみを治したい。こうした老化現象を治したい人にとっては、フェイスリフトも有効です。

その技術のひとつに金の糸を使った若返り方法があります。これは古代エジプト時代から高い美肌効果で知られる純金の糸を皮膚に埋め込むことで、コラーゲンや毛細血管の再生を促進させ、老化した肌にツヤと血色を取り戻すというものです。

治療には極細の針を使用して、改善したい部分の真皮と皮下に、純金の糸を通していきます。糸の埋め込みは顔だけでなく、年齢が現れやすい首などにも可能で、コラーゲン注射と同等の効果を得られます。

この「金の糸治療」を日本で最初に受けたのも僕です。この技術は昔から行われていたものであり、僕が発明したわけではありませんが、名前だけはおさえておこうと思い、「ゴールデンリフト」と名付けて商標登録しました。ところが、こちらの期待とは裏腹に、まったく流行りませんでした。

ロシアの医者が開発し、その医者から技術を伝授された切らないフェイスリフト術をロシアンリフトとして商標登録したこともあります。しかし、これもダメ。イタリア発のリフティング技術をイタリアンリフトとして商標登録しましたが、これまた不発でした。ネーミングは難しいものですが、どれも若い人には言葉の響きがイマイチだったのだと思います。

個人的にはプチ整形という言葉は、どこか貧乏たらしい感じがします。ただ、若い人には受けました。正直なことを言うと、僕は同年代の方と一緒にいるほうが言葉も通じるし、フィーリングがわかるので心地よい。しかし、それだと時代に遅れてしまうので、積極的にSNSなどで若者と交流しています。

僕はSNSを取り入れたことで、普段接する機会のない世代の人とも交流が持てましたし、彼らの文化や感覚も知ることができました。若者の言葉の使い方を覚えると彼らのフィーリングもわかります。時代感というものは、やはりその時代の若い人と接していないと身につかないと思います。暇で孤独を感じているような高齢者こそ、SNSのようなものを取り入れたほうがいいでしょう。絶対に新しい友人ができますし、何より時代に取り残されずに済みます。

美容外科史の歴史的分岐点

日本の美容外科史において、プチ整形は歴史的分岐点といえるかもしれません。まず、「メスで切るのは怖い、縫うのも怖い、腫れるのも嫌だ」「傷跡が残るのは絶対に嫌だ」という意識がきわめて強く、「こっそり美しくなりたい」「整形したと周囲にバレずに、しかも自然に若返りたい」という日本人の特性や希望にピタッとはまりました。

そして、「簡単に元に戻せる」というセーフティネットができたことで一般の人も挑戦しやすくなり、その結果、「美容整形＝特別な人がやる大手術」からメイクやファッションの延長で誰もが気軽に体験できるものになりました。

プチ整形ブームはアジアに飛び火しました。「鼻を高くしたい」という需要のない欧米には飛び火しませんでしたが、とりわけ東南アジアの国々で人気を博しています。学会に参加するためにアジア各国に行く機会もありますが、「プチ整形は僕が始めたんだよ」と明かすと、みんな驚いています。

同じアジアでも、中国人はプチ整形があまり好きではありません。彼女たちは永久に持続するような整形手術を好みます。韓国も日本ほどのブームにはなっていません。鼻の手術にしても、男女問わずシリコンプロテーゼを入れるほうが主流です。

美容外科の黎明期、ホステスや芸能人がさらに美しくなるために手術をしました。しかし、手術は怖いという日本人は多い。そこで、メスで切らずにシリコンなどを注入することで鼻を高くする方法が広まりました。さらに九〇年代に入ると、ヒアルロン酸注入やボトックス注射、レーザー照射などによる若返りの治療が出てきました。二〇〇〇年代はその流れが加速し、現在に至っています。

現在、美容外科の現場は注入やレーザーの技術がどんどん進化して、ますますメスで切らない方法に向かっています。その意味では、いまはプチ整形の時代といえるかもしれません。

しかし本音を言うと、やっぱりプチ整形が好きではありません。プチ整形の生みの親でありながら、高須クリニックにおいてプチ整形の患者は少数派です。というのも、超音波治療にしろ、レーザー治療にしろ、ヒアルロン酸注入やボトックス注射にしろ、手術のできない美容皮膚科医でもできる治療です。やはり僕は美容外科医であり、メスを使った手術こそ自分の仕事だという思いが強いのです。

さらに言えば、僕はプチ整形の患者も好きではありません。実際、若い患者を診ないようにしています。理由は僕の美の基準や美的感覚とズレているからです。一方、お金持ちの奥様方とは心がひとつです。僕は吉永小百合さんと同い年ですから、その世代の人たちは僕が美しいと思っているものを「美しい」と感じてくれます。美容外科というものは、医者と患者の心がひとつになってこそいい作品をつくれるのです。

第七章　急増する高齢者の整形——二〇一〇年代

日本での手術一位は二重まぶた

いまや日本は美容整形大国のひとつになりました。

美容外科の国際学会であるＩＳＡＰＳ（国際美容外科学会）が全世界を対象にした美容外科に関する二〇一七年の調査結果を発表しました。この統計によると、美容上の外科的、非外科的処置が多くなされた国の上位五ヵ国は以下の通りです。

一位　アメリカ
二位　ブラジル
三位　日本
四位　メキシコ
五位　イタリア

肥満体国であるアメリカは、脂肪吸引手術が際立って多いことが要因です。意外に思われるかもしれませんが、ブラジルは美容医療の世界では先進国です。ブラジルでは貧乏な人でも整形しますし、お金持ちも整形します。そういうお国柄なんです。彼らは年に一度のリオのカーニバルに全財産を投入して踊りますが、そのために豊胸し、彼らが性的魅力を感じる「お尻」を大きくする女性も多いのです。

二〇一八年に日本で行われた美容施術の件数は一七〇万七三六三件。日本でもっとも多く行われた美容外科処置は、顔面・頭部の外科手術の二〇万七八二六件で、その中でも多かったのがまぶたの手術。一方、手術をしない非外科的処置は一四三万五九〇八件を占め、その一位は顔面若返り関連の四八万九五三八件。次いで多かったのは、注入剤（乳房を除く）の四〇万八三二三件でした。

このデータからも明らかなように、日本の美容整形は「手術なし」の傾向を強めています。全国五ヵ所にある高須クリニックには、一日平均五〇〇人の患者が来ますが、売り上げが安定しているのは二重まぶた。続いて、エイジングケアのボトックス注射、ヒアルロン酸注入、そして豊胸です。

歯を一本抜くのも整形

何をもって整形というのか？

という疑問があるかもしれません。顔やボディのデザインをすることが美容外科医の仕事ですから、外見に関わることはすべて整形と認識してください。我々の業界の常識では、歯を一本抜いたらもう整形です。ですから、歯のホワイトニングはもちろん、ホクロ取り、脱毛、植毛……すべてが整形です。

日本の技術力は世界に誇れるものです。美容外科の得意技は、その国の民族の特徴をあらわしています。ワシ鼻の手術がうまいのはイラン。脂肪吸引はアメリカ。シワ取りはフランス。日本では二重まぶたと、低い鼻やダンゴ鼻の手術が得意です。この技術に関してはダントツで世界一です。

美容整形を受ける人が増えた要因は、料金の安い治療方法が増えたこと。メスを使わない治療が一般的になり、若い女性など患者の絶対数が増えました。

五〇代、六〇代の整形が急増している

もうひとつの要因は、中高年、高齢者の患者が増えていることです。高須クリニックを見ても、五〇代や六〇代の患者が急増しています。先日は、なんと八六歳の女性の豊胸手術を行いました。ちなみに、高須クリニックの歴史を振り返ると、最高齢の患者は九〇歳です。

時代の流れの読めない美容外科医は、若い女性に懸命にメッセージを送っています。が、いまの若い男性はお金を使いませんし、男性が貧乏になってくれば、女性の消費も落ち込みます。そもそも人口は減少傾向にあり、いまやお金を持っているのは老人だけです。人が目を向けていないところがこれからの金脈ですから、これからのメインターゲットは中高年や高齢者になります。

だから僕は「美容医療は老人医療だ」と言っています。

美容外科が流行っているとはいっても、バブルのころといまとでは目指すところが違います。昔は「もっと美しく」「もっと若く」「もっと劇的に」とプラス方向への大きな変化を求める人ばかりでした。しかし、いまの主流は「メイクの延長のような形でごく自然に」「著しく足りないところや、ひどく衰えたところを普通にする」といった、マイナス部分を一般的なレベルまで引き上げる治療です。

ここ数年、アンチエイジングという言葉がよく使われていますが、これも若返りというより、いまを維持するという意味合いが強いものです。

高須クリニックでも「驚きました。まるで別人ですね」と驚かれるような大手術をするのは中国の富裕層ばかりです。

美容整形をする高齢男性

「若さ」を望むのは女性ばかりではありません。ここ数年、若返り治療を受ける男性患者は増加傾向にあり、今後ますます増えるでしょう。その昔、美容整形をする男性といえば、包茎手術や性器改造など下半身の手術ばかりでしたが、こちらは減少傾向にあります。その代わりに、シワ取り治療、ヒゲの脱毛、シミやホクロの除去、お腹の脱脂などが人気です。とりわけ人気なのは、一〇分程度で施術が完了するボトックス注射とヒアルロン酸注入です。

男であれ女であれ、欲望は一緒です。「女は容姿が大事だが、男は中身だ」なんていわれますが、あくまで建て前です。本音では、女性であっても中身を重要視していますし、男性も容姿を大切にしています。

「若いですね！」と言われると、とてもうれしいでしょう？「イケメンですね」とか「かっこいいですね」「美人ですね」と言われても、ウソっぽいというか、リップサービスのように聞こえてしまいます。だけど、「若いですね！」という誉め言葉にはウソっぽさがない。これほど言われてうれしい言葉はないと思います。

昔はよく遊んだが、見た目が衰えてきて、派手に遊ぶのは気が引ける。だから若返り治療をしたいという高齢者が増えています。たとえば、ある男性はシミを治して、植毛をして、歯にインプラントを入れて、さらにバイアグラまで飲む。彼の家族が「せっかく女遊びをやめておとなしくなったのに……また春が来てしまった」と嘆いていたので、「残りの人生、長くないのですから、温かく見守ってあげてください」とアドバイスしました。

夫婦で整形する人も増えている

いまでは夫婦で整形されるケースも増えています。奥さんが若返り治療を受ける際、旦那さんが心配して付き添うことがあります。治療前の奥さんは「あなたもやってみたら？」と誘いますが、旦那さんは「怖いから……」と及び腰です。ところが、治療によって若返った奥さんを見るや、態度を一変させて「俺もやってみようかな！」となることが多々あります。

こうした高齢化に伴う需要増、そしてプチ整形ブームもあり、美容外科は急速に広まりました。一方で、トラブルに発展するケースも少なくありません。美容外科は基本的に不要不急の手術であり、医者は万全の準備をして手術に臨みます。ですから、「美容外科は命に関わらない治療」と言われてきましたが、それは神話になりつつあります。

美容外科治療というのは、医師免許さえあれば誰でも行うことができます。そのため、市場が拡大し、違う業界からの参入者が増え、玉石混交な状態を生み出しました。つまり、医者の技術差が大きく、下手な医者が淘汰されないまま施術を行っている現状があるため、考えられない事故が起きているのです。

最近増えているのが皮膚科あがりの女性美容外科医です。彼女たちは動機が不純なんです。嫁入り道具の代わりに医師免許を取り、そこそこ稼ぎのある亭主を見つけたら、高給を取りながら片手間に治療を続けたい。そうした生活をするのに、美容外科はぴったりだと思われているのです。しかし、救急のトレーニングをしていなかったら、手術の最中に命に関わる緊急事態があったときにどうなりますか?

実際、美容外科の現場ではありえない死亡事故が起きています。

悪徳業者に要注意

美容外科の黎明期、僕は患者を増やすべく雑誌などを使って啓蒙活動に励みました。ただし、インターネットが発達して情報が簡単に入るようになったいま、そうした作業は不要になりました。現在、美容外科クリニックはこぞってインターネット広告に熱心ですが、これがトラブルの温床になっているという問題もあります。

インターネットに掲載された、集客のためのおいしい情報を見て足を運んだところ、強引な勧誘に遭い、さらに治療トラブルに巻き込まれてしまったというケースは少なくありません。たとえば高須クリニックは厚生労働省が設けた「医療機関ホームページガイドライン」を遵守して、キャンペーン情報は掲載していません。また、術前・術後は同じ条件で撮影したものを掲載するなどルールを厳格に守っています。

しかし、こうしたガイドラインやルールを無視している美容外科クリニックも存在しているので要注意です。もちろん、国も規制をかけていますが、それを巧みにくぐり抜ける悪徳業者も存在します。

僕は開業以来、「美容医療は幸福医療だ」と訴え続けてきました。美容外科医は健康でおカネも余暇もあり、さらにプラスアルファが欲しいという人の幸せのお手伝いをしているだけ。当然、余裕がない人に美容外科をすすめるなんて間違えていますし、患者をだまして過剰な施術をするなんてもってのほかです。言うまでもなく、こうした問題を解決するにはダメな医者を淘汰するしかありません。ところが、日本の美容外科界は異色の成り立ちゆえ、その仕組みがないという現実があります。

二つの美容外科学会のこと

一般的にはほとんど知られていませんが、日本には「日本美容外科学会」という同じ名前の学会が二つ存在しています。ひとつは大学で形成外科を学ばなかった開業医系のグループで、こちらは十仁病院の梅澤文雄先生が創立された財団が母体であり、十仁系（ＪＳＡＳ）と呼ばれていました。

まだ美容外科が大学の標榜科目になっていなかった時代、「美容整形」を勉強したい医者たちは、梅澤先生が半ば私物化していた日本美容整形学会に入会するのが普通でした。この学会は会費を払わなくても会員になれましたし、おまけに昼飯と夜のパーティーつき。学会が開かれる日には、会場に政治家の花輪がずらりと並び、権勢を誇っておられました。

もうひとつは大学の形成外科出身者たちのグループです。形成外科医は、大学病院や大病院の勤務医としては食べていけますが、開業医として食べていくのは難しかった。そこで、美容外科に手を出して、業界に食い込んできたんです。そして、彼らは「俺たちが正統派だ」と言い出した。こちらのボスは東京大学医学部出身で、東京警察病院の院長も務められた大森清一先生。こちらのグループは大森系（ＪＳＡＰＳ）と呼ばれていました。

いわば、日本の美容外科の歴史は、両グループの抗争の歴史でもあったのです。伝統的に慶應と東大は仲が悪いことで有名ですが、この両先生はとりわけウマが合いませんでした。大森先生は勤務医。派手な慶應出身の梅澤先生が嫌いだったようです。彼らの弟子たちも師匠の路線を固く守り、師匠が亡くなって久しいにもかかわらず、両学会はお互いを誹謗中傷し合っていました。

開業医系のグループは営業や広告を一生懸命やっていて、「俺たちはバカにされているけど、実際には経済力も患者数も俺たちのほうが上なんだぞ」と考えていました。一方、形成外科系グループは論文や学会発表に重きを置いていて、「俺たちは正統派だぞ。国がついているんだぞ」と考えていた。医療ヒエラルキーの底辺で互いに見下し合うのは愚の骨頂ですが、そのことがお互いに長らく反目し合う原因となっていました。

僕は、開業医系に属していましたが、母校の形成外科の客員教授も兼任する、大学の医者でもあります。こうしたバックボーンゆえ、両方の学会に入っていました。僕にとって居心地がよかったのはうるさい人のいない開業医系のほうです。運営委員長を務め、何度も会長を務めました。

僕の野心は別として、お互いを否定して長らく反目し合う状態が美容医療界にとって望ましくないのは明らかでした。美容外科を広めたい人、利潤を考えず地道に研究している人、やり方は違えど、人を美しくすること、若くすることという目的は同じです。何より、患者にとってメリットはひとつもありません。

学会が二つも存在するため日本医学会に加入できないという事情もありました。美容外科界でトラブルが起きると、僕は厚生労働省の役人に呼ばれて、意見を求められました。その席でも「現状の体制のままだと、国としては日本医学会への加入を認められない」という説明がありました。

そこで、僕が仲介役になり、二つの学会を対等のレベルにして双方に誇りある合併ができるように動きました。国の意向に従い、どちらの学会も患者のための情報として優れた医者を学会認定専門医に認定していました。これは信用できる美容外科医を選ぶ際のわかりやすい目安でした。ただし、それぞれの審査基準は異なり、学会での発表内容などレベルに差がありました。営業主義の傾向が強い開業医系の医者の論文は、論文を書き慣れた形成外科系のそれと比べると、かなり見劣りしてしまいました。

「高須がイニシアチブを握ると、悪貨が良貨を駆逐する」と揶揄されたこともありましたが、僕は二つの学会の認定専門医のレベルを合わせることに尽力し、なんとか合併は目前という状況まで進みました。

歯科医が豊胸手術!?

ところが、思わぬ事態が起きました。自分が属する開業医系の日本美容外科学会でクーデターが起こり、「先生は高所から我々を見守ってください」という感謝状が一方的に送りつけられ、僕を含む主要役員が解任されました。その結果、合併計画は頓挫です。

二〇一〇年当時、妻に先立たれ、同じ時期に母も亡くなってしまった。何よりも大事な人を失った悲しみが癒えないまま東日本大震災が起こり、その凄絶な被害に茫然となりました。実はこの時期、僕は出家して僧になることを決めていたのですが、もたもたしているうちに、合併したら切り捨てられる人たちが行動を起こしたのでした。

開業医系の新しい執行部は、「審査料を払ってくれれば、論文や実績などは考慮せず、面接だけで認定専門医の資格を与えます」としました。学会に出席すれば認定専門医の資格を与えるというわけです。

日本では、医師免許さえあれば誰でも美容外科医をやることができます。だからこそ、認定専門医制度が重要なことは明らかです。ところが、このシステムだと偽医者でも日本美容外科学会認定専門医になれるということであり、放置しておくと大問題が起きることは必至です。

新たな執行部の学会には歯科医も多く来ていたと聞きます。そのうち歯科医が口周りのヒアルロン酸を打つようになるかもしれません。口腔外科には歯科医が多く、もともと治療の範囲は歯に限定されていましたが、歯ができるのであればあごもできると、治療範囲が拡大してきました。フィリピンでは治療範囲が際限なく拡大した結果、歯科医が豊胸手術を行い大問題になりました。美容外科の基準が曖昧になることは、日本の美容外科全体の信用を落としかねません。

僕は美容医療のハードルを低くしたいという思いで長年やってきました。しかし、それは安価で杜撰《ずさん》なものが出回ることではありません。僕は良い美容外科医を患者に選んでいただくために本来存在する認定専門医システムが、悪質な美容外科医の商売に使われることを危惧しています。

韓国のトラブル

美容外科が盛んな国といえば韓国を思い浮かべる方も多いかもしれません。その昔、韓国の美容外科業界は日本以上に日陰の存在であり、日本で手術を受けたことが明らかになると、パスポートを取り上げられてしまうほどでした。しかし、国策として、国内の美容外科産業を発展させて、中国をはじめ国外からの患者を増やしました。

その結果、ソウル市内にある整形通りと呼ばれる地区には美容外科クリニックが軒を連ねていました。

ところが近年、閉鎖に追い込まれるクリニックが少なくありません。理由は、あまりにも一気に増殖したことで未熟な医者が生まれてしまい、事故が続出したことでした。現在、韓国では手術に失敗した患者を引き受けることを専門にしている美容外科医が急増しています。これが健全な状態ではないのは明らかです。

韓国の美容クリニックの主なお客さんは中国人であり、売り上げの三分の一を占めるという話もあります。しかし、トラブルが続出した結果、中国人たちは、韓国を避けて日本に来るようになりました。日本の美容クリニックの中には旅行代理店と組んで、整形手術ツアーを開催し、しこたま儲けたところもあると聞きます。

ちなみに、日本と韓国の技術を比較すると、日本のほうがはるかに上です。そもそも、日本に勉強に来ていた韓国の医者たちに美容整形の技術を教えたのは、他ならぬ僕です（だから、韓国の美人は僕の美の基準にならって同じような顔をしています)。そして、その医者たちが設立したのが大韓美容外科学会であり、第一号会員は僕です。つまり、彼らは僕のコピーに過ぎず、当然、本家のほうが技術は上です。

韓国で起きたことは対岸の火事ではありません。未熟な医者が駆逐されなければ、日本の美容外科界も韓国のように衰退する可能性もあります。

患者を置き去りにして儲けに走れば、やがて客離れが起きて崩壊するのは時間の問題です。僕はいま、日本の美容外科界がそのような状態にあるのではないかと危惧しています。

二つの学会の合併に動いたとき、あのとき合併していたら、国からもきちんと認められて、美容医療がもっともっと身近なものになったのではないか。僕は後悔することがほとんどありませんが、こればかりは無念の思いです。

高須クリニックというブランド

最後に、高須クリニックの未来についてもふれましょう。日本における業界トップは高須クリニックだと自負しております。現在のグループ全体の売り上げは年間一〇〇億円ほど。売り上げ額だけでいうと、チェーン展開しているクリニックに及びませんが、重視すべきは知名度と信頼度。やはりブランドでナンバーワンかどうかが決まると思います。

ただし、ナンバーワンの座を今後も守れるかどうかは不透明です。現在、高須クリニックは三人の息子に任せています。僕は高須クリニック東京院の院長を務めていますが、高須クリニックの資本はすべて子供と孫に譲ったので、実際は雇われ院長です。

いま、美容外科界は全盛を迎えているといえるでしょう。しかし、あと二〇年経ったら消える産業になる可能性もあります。全盛期のものはやがて衰退する。その例にならえば、美容外科の未来は明るくないのかもしれません。

時代の波に乗れない企業は衰退します。トヨタにしても、衰退する紡績産業から自動車産業に波を乗り換えたことで生き残ることができました。そもそも医業は斜陽産業化しています。高須クリニックは常にイノベーションしているから生き残れた。要はイノベーションできるかどうか。それをしなければ衰退しかない。

すべて彼ら次第ですが、父親の路線で続けようと思っている節が見られるので不安もあります。子供たちもＣＭをつくっていますが、上品というか、ゆるくつくっています。これは没落のシグナルだけに心配です。

現在、僕が美容外科医として働くのは週に二日だけです。その日は目いっぱい手術の予定が入っていますが、僕にしかできない面倒な手術ばかりを担当しています。生活の基盤も地元・名古屋であり、木曜日に東京に来て、土曜日に新幹線で地元へ帰るというスケジュールです。

地元では高須病院の理事長として、老人介護に軸足を置く地域医療を実践しています。介護に取り組み始めたのは、高須クリニックが挑戦する「幸福医療」の理念と共通する点が多いからです。美容外科も介護も、人を幸せにする医療であることに変わりありません。

社会貢献

美容医療とは異なり、地域医療はすべて保険診療です。理想の医療を目指すほど、人件費はかさみ、赤字になります。美容外科の儲けをつぎ込んでいるからこそ、成り立っているような状態です。しかし、こうした状況に不満はありません。そもそも滅私奉公で尽くすのが医者の使命。医療はビジネスでもありますが、「医は仁術」という理想も大事にしています。

社会貢献にもこだわっています。二〇一一年に高須克弥記念財団を設立して、寄付活動を行っています。さらに、かっちゃん基金という名前の財団も設立。シングルマザーの子供たち、医者を目指したいが経済的な問題を抱える子供たちを支援しています。多くの人はお金儲けのために美容外科医をやっていると思っているかもしれませんが、仁術をもっとも行いやすいのは、お金持ちからおカネをいただく美容外科医なんです。

僕は子供たちに遺産を残すつもりはありません。彼らは自分で稼げているでしょうし、下手に遺産を残すと争いが起きてしまうかもしれない。争おうにも何もなければ争いは起きません。

すでに財産整理も済ませました。持っていたものはすべて売ってしまい、いま僕が所有しているのは別荘がひとつとゴルフ場の会員権くらい。あとは残っている現金を使い切って死ぬだけです。

僕にとってのおカネは、血液みたいなものです。循環させてこそ意味があると考えます。ですから奨学金を出したり、国境なき医師団に病室を寄付したり、死ぬまで社会に還元するつもりです。おカネがあるなら慈善活動やスポンサーとして使うのが一番有意義ですし、何より楽しい。

僕は人が喜ぶ顔を見るのが、何よりも幸せなんです。そもそも、美容外科を始めたきっかけのひとつも、それまでいい治療をしても患者に喜ばれなかったことです。僕にとって感謝されることは何よりも大事なことなのです。

治療医療と予防医療の進歩のおかげで、日本は世界一の長寿国になりました。しかし、長生きするだけで幸せと言い切れますか？

とりあえず健康であればそれで満足、と割り切れないのではないでしょうか。外見を美しく、若くすることで患者に幸せをもたらす美容外科は、これからの長寿社会を楽しく生きるためにますます身近なものになっていくでしょう。美容外科医としてあとどれくらい現役でいられるかはわかりませんが、可能な限り、患者を幸福にするという使命を果たしたいと思います。

あとがき

　がんが見つかったのは四年前です。人間ドックを受けた際、異常なしという結果でしたが、医者の勘が働きました。PET検査でも異常は見つからなかったのですが、血尿が出ていたことが気になり、自ら細胞診を依頼したところ、尿路系のがんだと判明しました。「尿路系のがんであれば、膀胱がん、尿管がん、腎臓がんのいずれかだろう」と思いましたが、三つすべてのがんになっていました。

　樹木希林さんの造語「全身がん」——。

　僕の解釈では、全身がんは正式な病名ではなく、がんが体中のあちこちにある状態です。僕はがんを隠していたつもりはありませんが、全身がんを患いながらも精力的に活動していた樹木希林さんに心を打たれ、二〇一八年九月に「僕も全身がんです」とツイートしたところ、数多くの心配の声をいただきました。

　高須クリニックにおいても「先生が生きているうちにシワ取りの施術をしてもらいたいと

思いまして」という患者さんが後を絶ちません。高須病院でもご高齢の方に「先生、元気でいてね、お大事に」「また来月会えますように」と励まされることが多々あります。皆さん、僕がすぐに死んでしまうと思い込んでいるのです。

しかし、がんはすぐに死んでしまう病気ではありません。ですから、僕自身はいたって冷静でした。そもそも、僕は死ぬこと自体、怖くありません。人間は絶対に死にます。早いか遅いかだけの問題です。であれば、生きているうちに人生を楽しみたいと思いませんか。

余談ですが、僕はスイスの安楽死団体の正式会員です。死ぬときは日本人第一号としてスイスで実況中継をしたいと考えていましたが、先を越されてしまいました。また、NHKの特集番組でその安楽死団体を取り上げていたのを見たところ、荘厳な雰囲気どころか、質素な診療所で点滴をされるだけでした。その現実を見て以来、すっかり興味を失ってしまいました。

さて、がんの治療の話ですが、まず取り除けるがん細胞を可能な限り除去しました。ただ、すべて除去したわけではないため、再発を繰り返しています。そうして発生したがんをおさえるために可能な限りいろいろな治療を続けてきました。

たとえばBCG注入療法。これは最新治療かと思いきや、戦前からある治療法でした。最新式の治療器材を実費で購入して母校である昭和大学病院に寄付し、高周波でがん細胞を取り除く治療もしました。また、がん細胞を攻撃する免疫細胞を人工透析の装置で自分の血液から選択的に採り出して培養し、活性化させて再び体内に戻すという治療法にも挑戦しました。全身麻酔するので、なかなか大変な治療法でした。

これまで一〇以上の治療を受けたでしょうか。その結果、がんを制圧できたと思っていましたが、またがんが暴れ始めたことがわかりました。しかし、それでも後ろ向きになることはありません。「今度はどんな治療法でがんを制圧しようかな」と、むしろ楽しみにしています。次から次へと手を打っても新たな問題が出てくる。それはそれで楽しいものであり、自分にとって新たなチャレンジでもあります。

どんな治療法であっても、自分の身体であれば誰からも非難されません。僕が取り組んできた治療の多くは、厚生労働省が推奨している標準治療から外れています。

いわば、僕は実験台です。美容外科でもそうでしたが、自分は実験台でいい。その治療がうまくいけば誰かの役に立てますし、たとえ失敗してもその後の教材になる。

僕は医者としての業績を残していないので、モルモットとしての業績だけでも残したいと考えています。

二〇一九年一一月

高《たか》須《す》克《かつ》弥《や》

高須克弥

医学博士。美容外科「高須クリニック」院長。1945年1月、愛知県生まれ。東海高校、昭和大学医学部卒業。同大学院医学研究科博士課程修了。大学院在学中から海外(イタリアやドイツ)へ研修に行き、最新の美容外科技術を学ぶ。「脂肪吸引手術」を日本に紹介し普及させた。「プチ整形」の生みの親でもある。紺綬褒章を受章。近著には『炎上上等』『大炎上』(ともに扶桑社新書)などがある。

講談社＋α新書　821-1 A

全《ぜん》身《しん》美《び》容《よう》外《げ》科《か》医《い》
道なき先にカネはある

高《たか》須《す》克《かつ》弥《や》

2019年12月11日第1刷発行

発行者―――渡瀬昌彦
発行所―――株式会社 講談社
東京都文京区音羽2-12-21 〒112-8001
電話 編集(03)5395-3522
販売(03)5395-4415
業務(03)5395-3615
デザイン―――鈴木成一デザイン室
カバー写真撮影―――渡辺充俊
カバー印刷―――共同印刷株式会社
印刷・本文データ制作―――株式会社新藤慶昌堂
製本―――牧製本印刷株式会社

定価はカバーに表示してあります。

落丁本・乱丁本は購入書店名を明記のうえ、小社業務あてにお送りください。

送料は小社負担にてお取り替えします。

なお、この本の内容についてのお問い合わせは第一事業局企画部「＋α新書」あてにお願いいたします。

Printed in Japan
ISBN978-4-06-518400-4

講談社＋α新書

定年破産絶対回避マニュアル
加谷珪一
人生100年時代を楽しむには? ちょっとのお金と、制度を正しく知れば、不安がなくなる!
860円 813-1 C

日本への警告 米中ロ朝鮮半島の激変から人とお金が向かう先を見抜く
ジム・ロジャーズ
日本衰退の危機。私たちは世界をどう見る? 新時代の知恵と教養が身につく大投資家の新刊
900円 815-1 C

起業するより会社は買いなさい サラリーマン・中小企業のためのミニM&Aのススメ
高橋 聡
定年間近な人、副業を検討中の人に「会社を買う」という選択肢を提案。小規模M&Aの魅力
840円 816-1 C

「平成日本サッカー」秘史 熱狂と歓喜はこうして生まれた
小倉純二
Jリーグ発足、W杯日韓共催——その舞台裏にもまた「負けられない戦い」に挑んだ男達がいた
920円 817-1 C

メンタルが強い子どもに育てる13の習慣
エイミー・モーリン 長澤あかね 訳
子どもをダメにする悪い習慣を捨てれば、〝自分を律し、前向きに考えられる子〟が育つ!
950円 818-2 A

メンタルが強い人がやめた13の習慣
エイミー・モーリン 長澤あかね 訳
一番悪い習慣が、あなたの価値を決めている! 最強の自分になるための新しい心の鍛え方
900円 818-1 A

人間関係が楽になる 神経の仕組み **脳幹リセットワーク**
藤本 靖
わりばしをくわえる、ティッシュを噛むなど、たったこれだけで芯からゆるむボディワーク
900円 819-1 B

もの忘れをこれ以上増やしたくない人が読む本 脳のゴミをためない習慣
松原英多
今一番読まれている脳活性化の本の著者が、「すぐできて続く」脳の老化予防習慣を伝授!
900円 820-1 B

全身美容外科医 道なき先にカネはある
高須克弥
「整形大国ニッポン」を逆張りといかがわしさで築き上げた男が成功哲学をすべて明かした!
880円 821-1 A

表示価格はすべて本体価格(税別)です。本体価格は変更することがあります